KB057559

지도로 읽는
땅따먹기
세계사

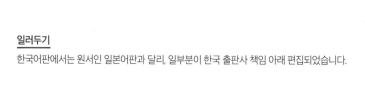

일러두기

한국어판에서는 원서인 일본어판과 달리, 일부분이 한국 출판사 책임 아래 편집되었습니다.

68개 이슈로
한 번에 정리하는

지도로 읽는
땅따먹기
세계사

이와타 슈젠 감수 | 박지운 옮김

시그마북스
Sigma Books

지도로 읽는 땅따먹기 세계사

발행일 2021년 1월 5일 초판 1쇄 발행
2023년 8월 10일 초판 3쇄 발행
감수자 이와타 슈젠
옮긴이 박지운
발행인 강학경
발행처 시그마북스
마케팅 정제용
에디터 최연정, 최윤정, 양수진
디자인 강경희, 김문배

등록번호 제10-965호
주소 서울특별시 영등포구 양평로 22길 21 선유도코오롱디지털타워 A402호
전자우편 sigmabooks@spress.co.kr
홈페이지 http://www.sigmabooks.co.kr
전화 (02) 2062-5288~9
팩시밀리 (02) 323-4197
ISBN 979-11-90257-98-5 (03900)

執筆協力 大越よしはる、幕田けい太
地図製作 佐藤世志子
本文デザイン Q.design
DTP 矢巻恵嗣
校正 ヴェリタ、ペーパーハウス

SEIRYOKU MAP DE MANABU SEKAISHI
Supervised by Shuzen Iwata 2019
All rights reserved.
Original Japanese edition published by SB Creative Corp.
This Korean edition is published by arrangement with SB Creative Corp., Tokyo
in care of Tuttle-Mori Agency, Inc., Tokyo through Amo Agency, Gyeonggi-do.

세력지도로 세계사 현장감을 생생하게 느낄 수 있다!

세계사 교실에 온 것을 환영한다!

세계사를 배우면 주변의 사물이나 서비스가 자신과 어떻게 연관되어 있는지 알 수 있기 때문에 일상이 더욱 즐거워진다.

커피를 생각해보자. 커피를 마시러 커피 전문점에 가면 눈이 휘둥그레질 정도로 다양한 종류의 원두가 있다. 원두 하나하나에 라틴아메리카 국가 이름이 붙어 있다.

커피는 원래 라틴아메리카와 아무런 관계가 없었다. 16세기 라틴아메리카는 스페인의 세력권이었다가, 19세기에 독립을 이루면서 영국의 자본과 지원 아래 커피 재배가 선풍적인 인기를 끌게 된다. 그중 가장 우등생이었던 브라질은 19세기 말에 세계 최대의 커피 수출국으로 자리 잡는다.

또 서아프리카에서 실려 온 흑인 노예가 농원의 노동력으로 쓰였다. 16세기부터 19세기까지 대서양을 건넌 노예는 1천만 명을 크게 웃돌았던 것으로 추정된다. 그들은 커피와 함께 사탕수수도 재배했다. 사탕수수는 설탕뿐만 아니라 럼주의 원료로도 인기가 높았다. 이러한 식품은 유럽의 식생활에 큰 영향을 미쳤다.

이제 눈앞에 놓인 커피 한 잔에서 유럽, 서아프리카, 라틴아메리카를 잇는 '범지구적인 세계사'가 보일 것이다.

이 책에서는 여러분이 즐겁고 흥미롭게 세계사를 배울 수 있도록 고대에서 현대까지의 세계사 명장면을 문장이 아니라 '세력지도(이 책의 원제는 『세력지도로 배우는 세계사』이다)'로 시각화했다. 세계사의 현장감이 훨씬 더 생생히 전해지리라 생각한다. 세력지도는 영토나 경제권, 권력, 종교 등의 세력관계를 나타내는 만큼 게임하듯이 살펴봐도 재미있을 것이다.

　마지막으로 독자 여러분이 이 책을 통해 세계사에 푹 빠질 수 있길 바라며 감사의 마음을 전한다.

2019년 11월

이와타 슈젠

고대
제국, 세계사에 등장하다

2 중세
동서 세계, 충돌하며 교류하다

3 근세

세계화, 새로운 세계사를 쓰다

4 근대

서양 세계와 아시아가 연결되다

5 현대
20세기, 그리고 그 이후의 세계

1

고
대

제국,
세계사에 등장하다

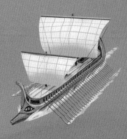

기원전 7세기부터 3세기까지

유럽

그리스인이 대두해 한때 그리스에서 인도에 이르는 대제국을 건설한다. 뒤이어 이탈리아반도에서 힘을 기른 로마인이 지중해를 제패한다.

서아시아

아시리아 제국을 시작으로 각지의 종족을 통합한 하나의 거대한 국가, 제국이 탄생한다.

중국

군웅이 할거하는 시대, 진나라가 최초로 소국들을 통일한다. 또 서쪽으로 세력을 뻗친 한나라에 의해 동양과 서양이 교류를 시작한다.

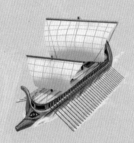

오리엔트 세계, 최초의 제국이 탄생하다

서아시아에서 광범위한 지역을 다스리는 세력의 탄생

인류의 문명은 기원전 3300년경부터 세계 곳곳에서 발생했다. 그중에서도 서아시아의 티그리스·유프라테스강 유역에서 번영한 메소포타미아 문명이 가장 오래되었다. 근처 나일강 유역에서도 이집트 문명이 꽃피었다. 이들 두 거대 문명이 일어난 오리엔트 세계(동지중해에서 서아시아, 이집트, 인더스강에 이르는 넓은 지역)는 다양한 세력이 활발하게 발생·융합·분열을 거듭했다. 그러다가 이 지역에서 세계 최초로 여러 세력을 아우르고 다민족을 종속시켜 드넓은 영토를 지배하는 거대한 국가, 제국이 나타났다.

오리엔트 세계에서 가장 먼저 탄생한 제국은 아시리아였다. 아시리아는 작은 국가였지만 제철기술을 이용해 철제 마구와 무기 등을 제조함으로써 서아시아에서 이집트, 동지중해에까지 이르는 거대한 국가를 구축했다.

아시리아 제국이 멸망하자 오리엔트 세계는 다시 분열했고, 이를 통일한 세력이 페르시아인의 아케메네스 왕조였다. 아케메네스 왕조는 동쪽으로는 인더스강, 서쪽으로는 발칸반도 북부까지 세력을 뻗쳐 아시리아 제국보다 더 넓은 영토를 획득했다. 이렇게 광대한 영토에 수많은 이민족을 거느리게 된 제국은 영토를 유지하기 위한 효과적인 성책이 필요해졌다.

아시리아 제국은 이민족의 종교를 부정하고 저항세력을 강제로 이주시켜 반란을 억눌렀다. 하지만 이러한 정책과 무거운 과세는 오히려 이민족의 반란을 불러일으켜 멸망을 초래했다.

　아케메네스 왕조는 아시리아 제국 실패를 교훈 삼아 지배체제를 개선했다. 이민족의 종교와 자치를 인정하고, 각 지방을 감시하는 제도를 마련해 광대한 영토를 오랫동안 안정적으로 지배하는 데 성공했다. 또 도로 등의 기반시설이 정비되고 화폐가 통일되어 교역이 활발해지는 등 사회도 크게 번성했다.

　그러나 안정된 사회 기반을 구축한 아케메네스 왕조도 세력을 더욱 확장하기 위해 발칸반도를 정복하려 하다가, 그리스인과 충돌해 멸망의 길로 접어든다.

01 아시리아 제국의 오리엔트 통일

세계 최초의 제국을 세운 아시리아인

서아시아에서 이집트, 동지중해, 인더스강에 이르는 범위를 오리엔트라고 부른다. 이 지역을 처음으로 통일한 세계 최초의 제국이 아시리아였다.

아라비아반도의 끝단, 메소포타미아 문명이 탄생한 이 땅에서는 다양한 민족이 세력다툼을 벌이고 있었다. 히타이트 왕국, 이집트 왕국, 카시트 왕국, 미탄니 왕국 등이 있었고, 미탄니 왕국 아래 아시리아라는 작은 세력이 있었다. 기원전 9세기경 히타이트가 미탄니를 공격하자 아시리아는 이를 기회로 미탄니의 수도를 점령해 독립하여 영토를 획득한다. 소국인 아시리아가 세력을 키워나갈 수 있었던 것은 히타이트로부터 배운 철제기술로 무기·마차·마구 등을 개발했기 때문이라고 알려져 있다.

그 후 아시리아는 히타이트, 카시트(바빌로니아)로 쳐들어가 영토를 확대했고, 기원전 7세기 아슈르바니팔왕의 원정으로 이집트까지 함락시켰다. 마침내 고대 오리엔트 세계를 통일한 것이다. 그러나 각지에서 잇따라 반란이 일어나 영토를 유지하기가 어려워져, 기원전 7세기 말에 맥없이 무너지고 말았다.

🛡 등장인물 및 세력

이집트인 vs 아시리아인 vs 히타이트인 vs 미탄니인

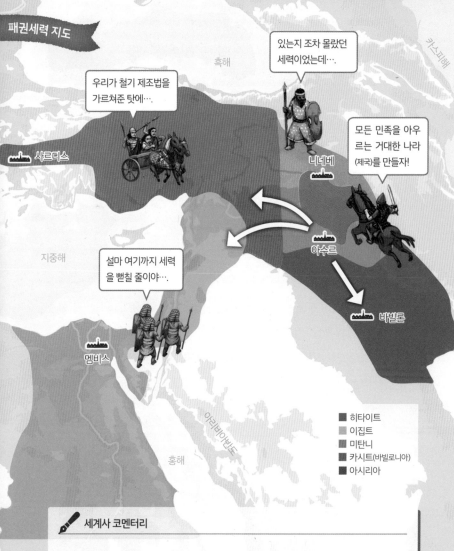

있는지 조차 몰랐던 세력이었는데….

우리가 철기 제조법을 가르쳐준 탓에….

모든 민족을 아우르는 거대한 나라 (제국)를 만들자!

설마 여기까지 세력을 뻗칠 줄이야….

흑해

카스피해

사르디스

니네베

아슈르

지중해

바빌론

멤비스

아라비아반도

홍해

■ 히타이트
■ 이집트
□ 미탄니
■ 카시트(바빌로니아)
■ 아시리아

🖌 세계사 코멘터리

아시리아 제국의 황금기는 기원전 7세기 아슈르바니팔왕 시대였다. 그는 무력을 앞세운 통치로 영토 내 이민족을 제압했다. 또 저항심을 부추기는 세력은 강제 이주정책으로 다스리는 등 반란을 철저히 방지하고자 했다. 각지 민족 정보를 얻기 위해 문헌을 수집했고 통치정책을 연구하는 데도 힘을 기울였다. 아슈르바니팔왕이 수도 니네베에 세운 문헌 보관소는 세계에서 가장 오래된 도서관으로 꼽힌다.

02 아케메네스 왕조의 오리엔트 정복

다시 하나가 된 오리엔트 세계

아시리아 제국이 멸망한 후 오리엔트 세계는 메디아, 리디아, 신바빌로니아, 이집트, 4개 나라로 나뉘었다. 아케메네스 왕조는 이들을 제압하고 오리엔트를 다시 통일했다.

네 나라가 대립하던 시대, 메디아에 복속된 페르시아인들이 있었다. 기원전 6세기 중반 무렵 페르시아인의 수장 키루스 2세가 메디아에 반기를 들자, 메디아의 장군 하르파고스도 나라를 배신하고 반란 세력과 함께 메디아를 무너뜨렸다. 키루스 2세는 리디아, 신바빌로니아까지 함락시킨 뒤 전사했지만, 그의 아들 캄비세스 2세가 이집트를 정복하면서 오리엔트 세계는 다시 통일되었다.

아시리아 왕국의 실패를 교훈 삼아 아케메네스 왕조는 광대한 세력을 유지하기 위해 중앙집권체제를 펼쳤다. 20개로 분할된 각 주의 통치를 사트라프(지방 총독)에게 맡김으로써 광활한 영토 구석구석까지 중앙의 힘이 미칠 수 있었다.

다리우스 1세 시대, 이오니아 지방에서 일어난 그리스인의 반란을 계기로 아케메네스 왕조는 그리스를 침공한다. 이것이 페르시아 전쟁의 시작이었다.

등장인물 및 세력

LOSE 메디아인 vs WIN 페르시아인 vs LOSE 이집트인

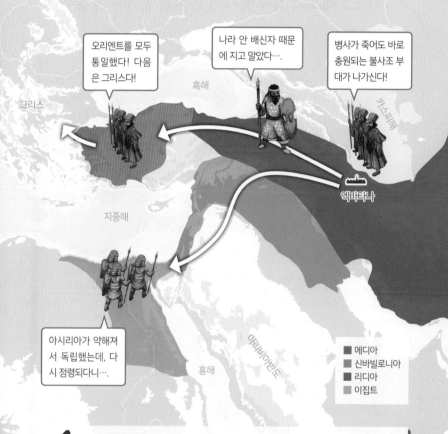

오리엔트를 모두 통일했다! 다음은 그리스다!

나라 안 배신자 때문에 지고 말았다….

병사가 죽어도 바로 충원되는 불사조 부대가 나가신다!

흑해

그리스

카스피해

지중해

엑바타나

아시리아가 약해져서 독립했는데, 다시 점령되다니….

홍해

아라비아반도

■ 메디아
■ 신바빌로니아
■ 리디아
■ 이집트

✏️ 세계사 코멘터리

아리아인 계통의 아케메네스 왕조는 고대 오리엔트를 통일한 세력으로서는 가장 큰 판도를 구축했다. 아케메네스 왕조의 이민족 통치정책은 매우 흥미롭다. 아시리아 왕조와 달리 이민족의 자치를 인정하고 관용을 베풀었다. 또 영내에서 상업 언어로 널리 사용되던 아랍어를 공용어로 정하는 등 현실적이고 합리적인 정책을 펼쳤을 뿐 아니라, '왕의 길'이라고 부른 도로망 정비에도 힘썼다.

그리스 세계와 맞부딪치며 탄생한 헬레니즘 문명

충돌하며 교류하는 동쪽과 서쪽의 세계

기원전 500~300년은 서양 그리스 세력과 동양 페르시아 세력이 격돌한 시대였다.

대제국 아케메네스 왕조를 건설한 페르시아인은 발칸반도를 정복하려 했으나, 그리스인의 거센 저항에 부딪혀 고전을 면치 못했다. 그리스에 속한 무수한 도시국가의 시민들은 무기를 들고 아케메네스 왕조에 맞서 싸웠다. 중무장한 그리스 보병 부대가 커다란 방패로 철통 수비 태세를 갖춘 다음 방패 사이로 창을 찌르는 팔랑크스 전법을 구사하자, 페르시아는 심각한 타격을 입고 철수할 수밖에 없었다.

하지만 이 전쟁에서 협력했던 거대한 두 도시국가 아테네와 스파르타가 그리스 내전의 불을 지피고 만다. 페르시아 격퇴에 중요한 역할을 한 두 도시가 그리스 패권을 둘러싸고 싸우기 시작한 것이다. 나머지 이웃 도시들도 두 도시와 동맹을 맺어 내전에 참가했기 때문에 그리스는 문자 그대로 둘로 분열했다.

한편 마케도니아는 이에 아랑곳하지 않고 발칸반도 북부에서 착실히 힘을 키워가고 있었다. 그리스 세계의 혼란을 틈타 세력을 확대한 마케도니아는 마케도니아식으로 개량한 팔랑크스 전법으로 아테네 연합을 제압했다. 또 스파르타를 제외한 모든 폴리스와 동맹을 맺고 그리스의 패자로 우뚝 섰다. 그리스를 통일한 필리포스 2세의 아들 알렉산드로스는 왕위에 오르자마자 동방 정복을 개시했다. 그는 페르시아로 진군하여 아케메네스 왕조를 멸망시켰을 뿐 아니라 인더스강 유역, 나아가 이집트까지 영토를 넓혀 거대한 제국을 세웠다.

알렉산드로스가 죽은 후에는 후계자 다툼이 치열해져 여러 후계자가 이집트, 그리스, 서아시아를 나눠서 통치하는 시대로 들어섰다. 서아시아를 이어받은 셀레우코스 왕조는 알렉산드로스가 정복했던 인더스강 유역을 인도의 통일왕조 마우리아 왕조에게 다시 빼앗기는 등 영토를 잃어갔다. 그러면서도 왕국을 유지해나갔다.

이렇듯 페르시아인이 만든 세력지도는 서쪽에서 온 그리스인에 의해 수백 년 사이에 다시 그려졌다. 하지만 동서 세계가 충돌하기만 한 것은 아니었다. 알렉산드로스의 동방 지배는 서쪽의 그리스 문화와 동쪽의 오리엔트 문화가 융합된 헬레니즘 문화를 낳았다.

03 마라톤 전쟁과 살라미스 해전

동서 문명의 첫 번째 충돌

페르시아 전쟁은 오리엔트 세계와 그리스, 즉 동양과 서양의 세력이 처음으로 전면 충돌한 사건이다. 식민지 이오니아 지방에서 일어난 그리스인의 반란을 계기로, 페르시아 다리우스 1세는 에게해 너머로 대규모 원정군을 파견했다. 아테네와 스파르타를 중심으로 한 그리스는 폴리스(당시의 도시국가) 시민들을 앞세워 이에 맞섰다. 당시에는 징병제가 없었으므로 시민들이 스스로 무기를 조달해 장비를 마련해야 했다. 커다란 창과 방패를 들고 밀집 대형을 갖춘 아테네 시민들은 마라톤에서 페르시아 대군을 물리쳤다.

그 후 페르시아는 육지를 통해 그리스 북쪽에서 공격해 스파르타군을 쳐부수고 아테네를 점거했다. 아테네는 한때 패색이 짙었으나, 아테네 앞바다에서 테미스토클레스 장군이 지휘하는 군대가 아케메네스 군대를 격퇴한 살라미스 해전으로 전세를 뒤집었다. 해상 패전 소식에 페르시아 육상 부대도 퇴각했고, 그리스는 페르시아의 침략을 완전히 막아낸다.

계속 충돌하던 두 나라는 기원전 5세기 중반에 평화조약을 맺었다. 페르시아 전쟁은 막을 내렸으나, 이때 싹튼 그리스 내정의 화근이 펠로폰네소스 전쟁을 불러일으킨다.

🛡 등장인물 및 세력

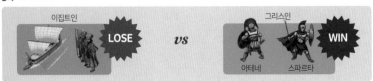

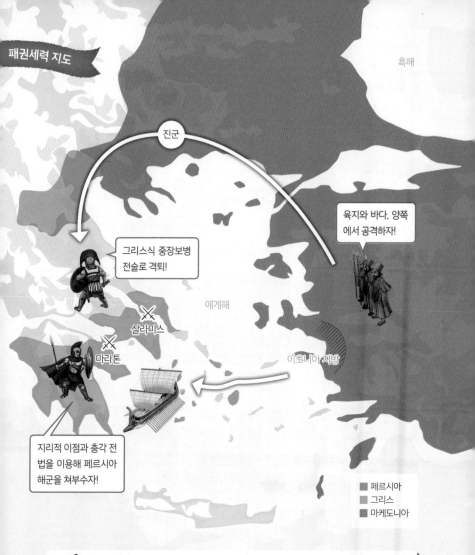

흑해

진군

육지와 바다, 양쪽
에서 공격하자!

그리스식 중장보병
전술로 격퇴!

에게해

살라미스

마라톤

이오니아 지방

지리적 이점과 충각 전
법을 이용해 페르시아
해군을 쳐부수자!

페르시아
그리스
마케도니아

✏️ 세계사 코멘터리

마라톤 전쟁은 1만 명의 아테네 중장보병이 3만 명의 페르시아군을 물리친 극적인 전투다.
전령이 아테네까지 질주하여 승전보를 전하고 숨을 거뒀다는 전설은 마라톤 경기의 기원
이 된다. 살라미스 해전에서는 아테네 시민이 트리에레스(삼단노선) 군함의 노잡이로 활약했
다. 빠른 속도를 자랑하는 이 군함은 뱃머리 쇠붙이로 적함을 들이박는 전법을 펼쳤다.

04 펠로폰네소스 전쟁

그리스의 패권을 놓고 다투는 아테네와 스파르타

아테네와 스파르타는 함께 페르시아를 무찔렀지만, 이는 그리스 분열 전쟁의 도화선이 된다. 페르시아 격퇴에 중대한 역할을 했던 스파르타의 장군이 내정에서 실각하자, 아테네는 이를 기회 삼아 페르시아의 다음 공격에 대비한 도시국가들의 동맹을 제안한다. 아테네를 맹주로 해 폴리스 200여 개가 참가한 델로스 동맹은 아테네가 그리스의 폴리스를 지배하기 위한 발판이 되었다.

한편 스파르타는 아테네보다 먼저 도시국가들과 펠로폰네소스 동맹을 맺어 그리스에서 가장 강력한 세력으로 자리 잡고 있었다. 델로스 동맹이 성립하자 두 세력의 대립은 더욱 깊어졌고, 스파르타파와 아테네파 사이에서 펠로폰네소스 전쟁이 일어났다.

해전에 자신 있었던 아테네는 육상에서는 수비 작전을 펼쳤다. 그러나 성내에 역병이 유행하여 불과 2년 만에 전체 시민의 1/6을 잃는다. 그 후 두 세력은 한 차례 평화조약을 맺었으나, 형세는 스파르타 쪽으로 기울어 델로스 동맹에 속한 폴리스마저 우후죽순 동맹을 이탈한다. 기원전 5세기 말, 과거의 적 페르시아로부터 원조를 받은 스파르타가 아테네 시내를 포위함으로써 전쟁은 막을 내렸다.

🔱 등장인물 및 세력

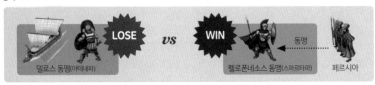

델로스 동맹(아테네파)   LOSE   vs   WIN   펠로폰네소스 동맹(스파르타파)   동맹   페르시아

원조

동맹국이니까…
도와줘야겠지?

역병 때문에 싸울 수
있는 병사가 없다….

에게해

페르시아의 힘을 빌
려 아테네를 때려눕
히는 데 성공!

아테네

육상의 동료들이
당하면 이기기 힘
들다….

스파르타

■ 델로스 동맹
■ 펠로폰네소스 동맹
■ 페르시아

✎ 세계사 코멘터리

펠로폰네소스 전쟁은 아테네와 스파르타를 중심으로 그리스를 양분했다. 이 전쟁의 쟁점
은 그리스에 대한 패권 획득이었지만, 전쟁 이후 폴리스 사회는 급격하게 쇠퇴했다. 희극
작가 아리스토파네스는 펠로폰네소스 전쟁을 소재로 한 「여자의 평화」라는 작품에서 "여자
들이여, 전쟁을 멈출 때까지 섹스 금지 시위를 벌이자"는 독특한 발상의 반전 메시지를 전
했다.

05 카이로네이아 전투

마케도니아 왕국의 그리스 통합

펠로폰네소스 전쟁으로 아테네는 주도권을 잃었고, 폴리스 사회의 패권은 스파르타로 넘어갔다. 하지만 전쟁 후 폴리스 사회는 쇠퇴의 길로 들어섰다. 무려 27년에 걸친 펠로폰네소스 전쟁과 그 후로도 계속된 폴리스의 세력 다툼으로 시민의 생활이 피폐해졌고, 민주 정치가 힘을 잃어갔기 때문이었다.

　그러는 동안 필리포스 2세를 중심으로 마케도니아가 발칸반도 중앙부에서 힘을 키우고 있었다. 마케도니아는 카이로네이아에서 아테네·테베 연합군과 싸워 승리했다. 이 승리를 계기로 필리포스 2세는 스파르타를 제외한 거의 모든 폴리스를 통합하는 코린토스 동맹을 기원전 4세기에 결성한다. 각 폴리스의 독립을 인정하면서도 전쟁을 금지했고, 외교·군사의 실질적 지배권은 마케도니아가 장악했다. 동맹을 토대로 마케도니아가 그리스를 통일한 것이다.

　필리포스 2세는 인구 폭발로 증가한 그리스의 빈민을 페르시아 영토로 이주시키는 계획을 세우고 동방원정에 착수했으나 암살당한다. 그 뒤를 아들인 알렉산드로스가 이어받는다.

등장인물 및 세력

마케도니아군　　WIN　　vs　　LOSE　　아테네·테베 연합군

패권세력 지도

아테네·테베 연합군을 무찌르고 그리스 대부분을 통일했다!

에게해

카이로네이아

테베

아테네

스파르타군에다 북쪽 세력까지 쳐들어오니 속수무책이다.

스파르타

■ 마케도니아
■ 델로스 동맹
■ 펠로폰네소스 동맹

🖋 세계사 코멘터리

펠로폰네소스 전쟁 이후 그리스는 내전에 휩싸인다. 폴리스는 황폐해졌고 흑사병까지 유행했다. 아테네의 철학자 이소크라테스는 그리스의 재생을 부르짖으며, 아케메네스 왕조로 진격해 '동방 폴리스'를 세운 뒤 빈민들을 이주시켜야 한다고 주장했다. 마케도니아 왕 필리포스 2세는 이러한 흐름을 형성하기 위해 그리스를 장악하기 시작했다.

06 이소스 전투

알렉산드로스 대왕의 동방원정

그리스를 통일한 필리포스 2세의 뒤를 이어 대왕이 된 알렉산드로스는 아케메네스 왕조의 페르시아를 정복하기 위해 원정길에 올랐다.

기원전 334년 마케도니아에서 출발한 알렉산드로스의 군대는 다르다넬스 해협을 건너 페르시아로 쳐들어갔고 파죽지세로 세력을 넓혀갔다. 이소스 전투에서는 아케메네스 왕조의 다리우스 3세와 직접 대치하여 승리를 거두기까지 했다. 본격적으로 아케메네스 왕조를 공격하기 전에 알렉산드로스는 후방을 든든히 하고자 이집트를 함락시켰다. 그 후 다리우스 3세가 패주하는 사이 수도 페르세폴리스와 바빌론에 공격을 퍼부었고, 기원전 330년 마침내 아케메네스 왕조를 무너뜨렸다.

그러나 알렉산드로스는 진군을 멈추지 않았다. 결국 인더스강 지류인 히다스페스강에 다다라서야 병사들의 격렬한 반대로 귀환하게 된다. 알렉산드로스는 마케도니아로 돌아오는 길에 병으로 쓰러져 바빌론에서 사망한다. 그 후 알렉산드로스 대왕의 후계자(디아도코이)들이 일으킨 영토 전쟁 때문에 마케도니아 왕국은 분할되었다.

🛡 등장인물 및 세력

알렉산드로스 대왕   WIN   vs   LOSE   페르시아인

패권세력 지도

광대한 페르시아 영토를 빼앗아서 동방에 이르는 대제국을 건설하자!

알렉산드로스의 진격을 막을 수가 없구나….

장대한 원정(9년)에 지친 병사들의 반대로 귀환.

마라칸다

이소스

가우가멜라

엑바타나

히다스페스

알렉산드리아

바빌론

페르세폴리스

인더스강

마케도니아로 귀환하는 도중 바빌론에서 사망.

원정로 ⇨   귀환 ➡

■ 원정 초기의 마케도니아
■ 알렉산드로스의 정복지

✎ 세계사 코멘터리

이소스 전투는 필리포스 2세의 아들 알렉산드로스 대왕이 아케메네스 왕조의 군대를 격퇴한 역사적인 전투다. 이후 마케도니아·그리스 연합군은 세계 제패에 나선다. 곳곳에 약 70개의 통치 거점, 즉 동방 폴리스를 세우고 '알렉산드리아'라는 이름을 붙였다. 또 그리스어를 공통어로 삼는 헬레니즘 문화권을 형성했다.

07 마우리아 왕조의 인도 통일

적을 강 건너로 물리친 인도

알렉산드로스가 죽자 후계자들은 광대한 영토를 둘러싼 분쟁을 시작했다(디아도코이 전쟁). 그들 중 셀레우코스 1세는 인더스강까지 세력을 넓혔다.

인더스강 건너 인도에서는 16개 소국이 세력 다툼을 벌이고 있었다. 그런 가운데 마가다국 출신의 장군 찬드라굽타가 가장 강력한 국가였던 난다 왕조에 반기를 들었다. 결국 기원전 317년, 난다 왕조를 무너뜨리고 마우리아 왕조를 세운 찬드라굽타는 인더스강에 침입한 셀레우코스 1세를 물리쳤다. 마우리아 왕조는 인도에서 그리스 세력을 몰아내고, 인더스강부터 갠지스강에 이르는 광대한 영토를 지배한 인도 최초의 통일 국가였다.

마우리아 왕조는 찬드라굽타의 손자인 아소카왕의 치세에 이르러 전성기를 맞이한다. 아소카왕은 이 무렵에 부흥한 불교를 이용해 나라를 성공적으로 통치했을 뿐만 아니라, 국내에 도로나 우물 등의 기반시설과 병원 등을 정비하여 안정을 꾀했다. 그러나 아소카왕이 죽은 뒤 마우리아 왕조는 쇠퇴했고, 하나였던 인도는 다시 작은 왕국들로 분열되어 갔다.

🏛 등장인물 및 세력

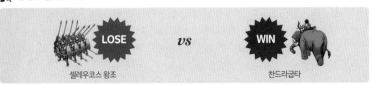

셀레우코스 왕조   LOSE   vs   WIN   찬드라굽타

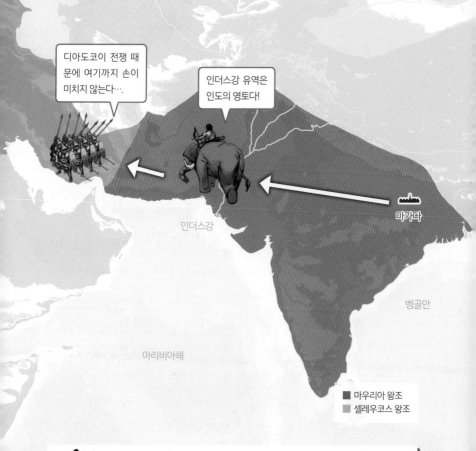

디아도코이 전쟁 때문에 여기까지 손이 미치지 않는다….

인더스강 유역은 인도의 영토다!

인더스강

마가다

벵골만

아라비아해

■ 마우리아 왕조
■ 셀레우코스 왕조

세계사 코멘터리

기원전 4세기 알렉산드로스가 인더스강을 침공한 사건은 인도의 통일을 자극했다. 인도 마가다국 장군이었던 찬드라굽타는 알렉산드로스의 군대와 맞서 싸웠다. 이를 계기로 그는 인더스강 유역을 석권하고 마우리아 왕조를 일으킨다. 기원전 3세기에는 막강한 군사력을 기반으로 한 아소카왕이 마우리아 왕조의 최대 판도를 구축했다. 아소카왕은 광대한 영토를 다스리기 위해 불교를 통치 이념으로 삼았고 인도 대륙 대부분을 통일했다.

차세대 패권 주자 로마 제국의 성립

세력지도를 다시 그린 그리스 서쪽의 일족

페르시아 전쟁 이전, 그리스 서쪽에서 힘을 키우던 세력이 있었다. 이탈리아반도의 로마였다. 로마가 알렉산드로스 이후 그리스 세력을 대신하여 다음 시대의 패권을 잡았다.

로마는 포에니 전쟁에서 북아프리카 연안을 차지하고 있던 카르타고에 승리하자, 동지중해의 헬레니즘 문화권까지 제압하고 지중해를 '마레 노스트룸(우리 바다)'이라 불렀다. 나아가 브리타니아(지금의 영국), 이베리아반도, 갈리아 지방(지금의 프랑스 부근)뿐만 아니라 클레오파트라가 지배하던 이집트, 그리고 서아시아에 이르는 광대한 지역을 정복했다. 이탈리아반도를 중심으로 지중해를 아우르는 대제국을 건설한 것이다.

이렇게까지 영토를 확대한 배경에는 당시 로마 정세가 깊이 얽혀 있었다. 세습 귀족으로 구성된 귀족 공화정을 이어오던 로마에서는 평민들의 불만이 터져 나오기 시작했다. 로마 정부는 국내 정치에 대한 불만을 다른 곳으로 돌리기 위해 잇따라 대외 진출을 꾀했다.

하지만 평민의 불만은 가라앉지 않았다. 정치적으로도 평민의 권리가 점차 확대되면서 귀족에 대항하는 투쟁이 벌어졌다. 이러한 권력 투쟁을 매듭지은 것이 평민파, 장군, 부호에 의한 삼두정치체제였다. 삼두정치체제가 무너지자 평민파인 카이사르는 갈리아를 정복한 뒤 독재 정권을 세웠다. 더불어 빈민을 구제하는 동시에 태양력인 율리우스력을 제정하는 등 로마 사회를 크게 변혁하는 정책을 펼쳤다.

카이사르 사후, 양자인 옥타비아누스가 이집트를 평정하고 로마 역사상 최초로 황제의 자리에 올라 로마 제국 시작을 알렸다. 그 후 200년 동안 평화로운 시대가 이어졌다. 하지만 각 지방으로부터 값싼 곡물이 들어오면서 로마 본토의 시민들은 무산 시민, 즉 재산이 없는 시민으로 전락해갔다. 이에 로마 정부는 오락 시설을 확충하고 식량을 배급하여 시민들이 정치에 관심을 두지 않도록 하는 데 성공한다.

4세기 말 로마 제국은 동서로 분열한다. 서로마는 100년도 채 지나지 않아 게르만인의 프랑크 왕국으로 계승되어 유럽 세계가 형성되는 바탕이 되었다. 한편 콘스탄티노플을 수도로 한 동로마는 그리스 문화를 지켜나가며 비잔틴 제국으로서 1000년에 이르는 역사를 써 내려갔다.

08 포에니 전쟁

지중해를 제압하는 로마

그리스의 서쪽에도 착실하게 힘을 키우던 세력이 있었으니, 바로 이탈리아반도의 로마
였다. 페르시아 전쟁 이전으로 거슬러 올라가 기원전 3세기 중반 무렵, 로마는 북아프리
카 연안에서 세력을 잡고 있던 카르타고와 시칠리아섬을 두고 여러 차례 충돌했다. 이
를 발단으로 100년에 걸쳐 벌어진 양국의 세력 다툼이 포에니 전쟁이다.

　시칠리아섬이 전쟁의 무대였던 제1차 포에니 전쟁에서는 로마가 승리하여 시칠리아
섬을 점령했다. 카르타고는 코르시카와 사르데냐까지 빼앗겨 이베리아반도로 밀려났
다. 그 후 카르타고의 장군 한니발이 알프스산맥을 넘어 이탈리아반도로 쳐들어갔고, 칸
네에서 뛰어난 용병과 전술을 앞세워 수적으로 우세한 로마군에 압승을 거뒀다. 그러나
카르타고군이 이탈리아 본토에서 싸우는 사이, 로마의 장군 스키피오가 카르타고로 건
너가 주요 도시 자마를 포위해 함락시켰다.

　일찍이 그리스와 마케도니아를 장악했던 로마는 포에니 전쟁으로 서지중해를 획득하
자, 동지중해의 헬레니즘 문화권을 정복하기 위해 나섰다.

🛡 등장인물 및 세력

✏️ **세계사 코멘터리**

포에니 전쟁은 로마 역사상 가장 기념할 만한 전쟁이다. 이 전쟁으로 로마는 지중해 제국으로 도약하는 발판을 마련했다. 제2차 포에니 전쟁에서는 카르타고의 명장 한니발이 이베리아반도 동쪽으로 진군하여 알프스산맥을 넘어 로마의 북쪽에서 침공했다. 로마는 칸네에서 패전한 후 이탈리아반도 동부를 10년간 점령당했지만, 자마에서 카르타고에 역전승을 거뒀다.

마침내 지중해를 지배하게 된 로마

지중해 대부분이 로마의 수중에 들어왔지만, 주변에는 아직 저항 세력이 존재했다. 이들을 평정하고 세력 확대를 꾀한 사람이 바로 카이사르였다.

지금의 프랑스와 벨기에 근처에 살던 갈리아인은 동쪽 게르만인의 침략에 시달리고 있었다. 이를 군사 평정의 기회라고 생각한 카이사르는 갈리아로 원정을 떠났다. 카이사르는 게르만인을 내쫓고 현지의 반로마 세력을 차례로 굴복시켰으며, 라인강 건너 게르마니아와 도버 해협 너머의 브리타니아(지금의 영국)까지 공격해 갈리아를 완전히 장악했다.

한편 로마 내에서는 카이사르 사후 그의 부하였던 안토니우스가 카이사르의 전 애인이자 프톨레마이오스 왕조의 여왕인 클레오파트라와 결탁해 로마와 대립하고 있었다. 훗날 로마 제국의 초대 황제가 되는 옥타비아누스는 그리스 연안 악티움에서 안토니우스·클레오파트라 연합과 충돌했다. 옥타비아누스는 적함에 불을 지르는 작전으로 안토니오의 군대를 격퇴했다. 로마는 프톨레마이오스 왕조의 영토까지 접수했고, 이로써 지중해는 완전히 로마의 지배 아래 놓이게 되었다.

🛡 등장인물 및 세력

게르만인 LOSE vs 로마인 WIN vs 이집트인 LOSE

이 땅은 우리 로마가 지배한다!

어디 한번 갈리아인에게 시비나 걸어 볼까?

로마

네놈들만 해치우면 지중해는 우리 것이다!

악티움

카이사르 때는 실패했지만, 이번엔 반드시 안토니우스를 이용해 로마를 지배할 테야!

클레오파트라

■ 로마
■ 갈리아
■ 프톨레마이오스 왕조

🖊 세계사 코멘터리

갈리아를 로마 방위를 위한 '방파제'라고 판단한 카이사르는 갈리아 원정에 나섰다. 사실 자신의 세력권을 확보하기 위해 시작한 이 원정으로 카이사르는 제정 로마의 발판을 마련했다. 카이사르의 뒤를 이어 제정 로마를 확립한 사람이 초대 황제 옥타비아누스다. 옥타비아누스 황제는 악티움 해전에서 클레오파트라와 안토니우스 연합군을 쳐부수고 이집트를 장악해 지중해 통일에 성공한다.

10 오현제 시대

제국 최대의 영토 확장과 교역

지중해를 제패한 로마 제국은 약 200년 동안 '팍스 로마나(로마의 평화)'라 불리는 평화의 시대를 이어간다. 이 시기 로마는 경제적으로도 번영을 누렸다. 특히 네르바 황제에서 마르쿠스 아우렐리우스 안토니누스 황제까지 다섯 황제가 통치한 '오현제 시대'는 로마의 황금기였다.

오현제의 두 번째 황제인 트라야누스 때는 다키아와 브리타니아(지금의 영국), 메소포타미아 지방 등에도 세력을 뻗쳐 로마 제국 역사상 가장 큰 영토를 손에 넣었다. 트라야누스 황제는 속주(이탈리아반도 본토 이외의 로마 지배지)의 거의 모든 도시를 로마풍으로 개축하고 그곳 사람들에게 로마의 생활양식을 받아들이게 했다. 또 지방과의 교역도 활발해져 각 지역에서 수확된 농산물이 로마 본토로 흘러들어왔다.

그러나 값싼 농산물이 유입되면서 이전부터 토지를 경작해오던 로마의 농민들은 가난해졌다. 트라야누스 황제는 콜로세움과 공중목욕탕, 극장 같은 시민들의 유흥시설을 만들고 식량을 배급해 민심을 다스렸다. 이런 식으로 민중의 지지를 얻음으로써 로마 제국은 오랫동안 번영을 누릴 수 있었다.

🛡 등장인물 및 세력

로마 황제

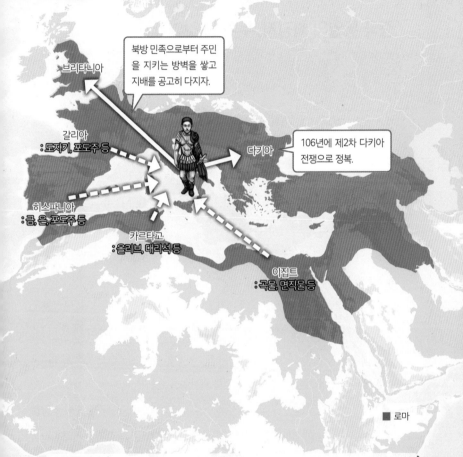

북방 민족으로부터 주민을 지키는 방벽을 쌓고 지배를 공고히 다지자.

브리타니아

갈리아
: 도자기, 포도주 등

히스파니아
: 금, 은, 포도주 등

카르타고
: 올리브, 대리석 등

다키아

106년에 제2차 다키아 전쟁으로 정복.

이집트
: 곡물, 면직물 등

■ 로마

🖌 세계사 코멘터리

오현제 시대에는 양자 제도 도입으로 유능한 황제가 많이 배출되었다. 트라야누스 황제 시대에 다키아(지금의 루마니아)가 병합되어 로마 영토는 역사상 최대로 넓어졌다. 경제면에서도 인도양의 계절풍을 이용해 아시아와 해상 무역을 전개했다. 중국 송나라 때 편찬한 『후한서』에는 '대진 왕 안돈(마르쿠스 아우렐리우스 안토니우스 황제)'의 사절이 뱃길을 통해 중국으로 들어왔다고 기록되어 있다.

중국 통일의 최강자, 누가 될 것인가?

동아시아에서 반복되는 세력의 분열과 통일

중국의 황허강 주변에서도 문명이 꽃피었고 여러 세력이 나타났다가 사라졌다. 중국 최초의 왕조는 기원전 16세기경에 일어난 은나라였다. 하지만 은나라의 세력권은 황 허강 유역과 그 북부가 전부였으므로, 현재의 중국 영토에는 한참 못 미쳤다. 은나라를 무너뜨리고 들어선 새로운 왕조 주나라도 황허강 유역에서 양쯔강 북부까지 세력을 넓혔을 뿐이었다.

주나라가 쇠퇴하자 중국은 소국이 패권을 다투는 군웅할거 시대로 다시 돌입했다. 신하가 무력으로 정권을 빼앗는 하극상이 펼쳐진 전국 시대에는 7개의 세력이 있었 다. 그 가운데 진나라는 다른 여섯 국가와 때로는 손을 잡고 때로는 관계를 끊는 외교 를 통해 양쯔강 이남을 포함한 중국 전역을 최초로 통일했다.

진나라의 황제 진시황은 국내의 사상과 언론을 탄압하고 수도 셴양에 장려한 궁전 을 건축했다. 뿐만 아니라 다섯 차례에 걸쳐 전국을 순행하는 등 황제의 권위를 떨치 며 힘으로 나라를 정비해나갔다. 하지만 진시황이 죽자 이러한 지배 정책에 대한 반란 이 발발해 진나라는 불과 15년 만에 멸망한다. 진나라의 뒤를 이은 한나라(전한)는 한 때 멸망했으나, 바로 정권을 탈환하여 다시 한나라(후한)의 시대를 열었다.

한편 이 무렵 중국, 서아시아, 지중해는 대륙 곳곳에 흩어져 있는 오아시스 도시를 연결한 교역로인 '오아시스길'로 이어져 있었다. 당시 중국의 비단은 로마에서 귀하게 여겨져 이 교역로를 통해 운반되었는데, 실크로드라는 이름은 여기서 유래한 것이다.

한나라는 실크로드의 이권을 유지하고자 서쪽으로 진출해 서역의 50개 남짓한 세력을 지배했고, 서역도호라는 장관을 파견해 실크로드 대부분을 제압했다. 한편 로마는 육상뿐만 아니라 해상으로도 동아시아와 접촉했다. 중국에 여러 차례 사절을 보내 황제와도 직접 알현했다는 기록이 남아 있다.

이처럼 육상과 해상의 길을 정비함으로써, 서방 세계의 지배자 로마 제국과 극동의 제국 한나라 사이에 교류가 활발해져 동서 세계는 서로 영향을 미치게 되었다.

11 진나라의 중국 통일

시황제의 시대

중국에서는 황허강 유역에 왕조가 세워졌지만, 남부의 양쯔강 유역까지 통합된 적은 없었다. 기원전 771년, 당시 왕조인 주나라의 왕이 살해당하자 여러 세력이 패권을 다투는 춘추 시대로 들어섰고, 7개 국가가 살아남아 자신의 영토를 확립했다.

7개국 가운데 하나인 진(秦)나라는 기원전 4세기 무렵 뛰어난 무장을 등용하여 부국강병을 이룬다. 기원전 241년, 제나라를 제외한 다섯 국가가 동맹을 맺고 진나라로 쳐들어갔으나 한구관에서 격퇴당했다. 그 후 진나라는 다른 나라에 동맹을 이탈하도록 설득하는 등 상황에 따른 교묘한 외교술로 여섯 나라를 갈라놓았다. 진나라는 기원전 230~225년에 한·조·위를 무너뜨렸고, 기원전 223년 남쪽의 대국 초나라를 멸망시켰다. 그리고 기원전 221년까지 남은 두 국가를 모두 함락시켜 중국을 최초로 통일했다.

진왕은 자신을 시황제라 칭하고, 북방 민족의 침략을 막기 위해 과거 연나라의 영토였던 지역에 방벽(만리장성)을 세웠다. 또 사상을 탄압하고 언론을 통제함으로써 국가를 하나로 정비했다. 그러다 기원전 210년에 시황제가 죽자 국내 민중의 원성이 높아졌고, 기원전 206년에 진나라는 불과 15여 년 만에 역사 속으로 사라졌다.

🦁 등장인물 및 세력

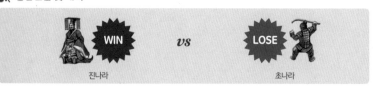

진나라 WIN vs LOSE 초나라

기원전 222년 멸망

기원전 221년 멸망 후 중국 통일

기원전 228년 멸망

중화를 하나로!

기원전 225년 멸망

기원전 230년 멸망

기원전 223년 멸망

국민을 법으로 통제하는 진나라는 군사력이 남다르군!

■ 진
■ 초
■ 한
■ 위
■ 조
■ 연
■ 제

✎ 세계사 코멘터리

진나라는 전국 시대에 승리를 거머쥔 칠웅의 패자로 중국 최초의 통일 왕조다. 중국을 '지나'라고 일컫는 것은 진나라의 '진(chin)'에서 비롯되었다. 이 호칭이 차이나·지나(China), 신(Chine)이 되었다. 시황제로 불린 초대 황제는 철저한 통일 정책을 펼쳤다. 하지만 너무 가혹했던 통치가 그의 사후 대규모 농민 반란을 불러일으켰고, 유방과 항우의 천하 쟁탈전을 초래했다.

12 한 제국의 번영

한나라의 서역 진출과 교류하는 동서양

시황제 사후 쇠퇴한 진나라는 가난한 농민 출신의 유방과 과거 진나라에 패망한 초나라의 후예 항우에 의해 무너졌다. 그 후 두 사람은 한나라와 초나라로 나눠져 싸웠고, 최종적으로 유방이 한나라(전한)를 세워 중국을 다시 통일했다.

한나라는 지금의 베트남과 한반도 등에도 세력을 뻗쳤으나, 신하 왕망에게 나라를 빼앗겨 한때 멸망한다. 그러나 왕망이 세운 나라는 겨우 15년 만에 광무제가 이끄는 후한에 의해 무너졌다.

전한 시대부터 북방에는 흉노라 불리는 거대한 유목민 세력이 있어, 서방과의 교역로인 실크로드의 이익을 두고 한나라와 자주 다퉜다. 광무제는 교역로의 이권을 차지하기 위해 전한 때보다 더 서쪽으로 세력을 뻗쳐 서역도호부라는 수비를 두고 흉노의 침략을 막았다. 그 덕분에 서구 세계 로마 제국과의 교역은 더욱 활발해졌고, 문화적·경제적으로 서로 큰 영향을 주고받았다. 로마에서도 한나라의 비단 등을 구하기 위해 뱃길로 사신을 보냈다. 동서양 두 대국의 교역으로 지리상 멀리 떨어진 나라 간 교류가 조금씩 싹트기 시작한 것이다.

🐎 등장인물 및 세력

패권세력 지도

교역로를 지배하면 큰 이득을 얻을 수 있다!

흉노의 침략으로부터 이곳을 지키자!

중앙아시아에서 로마로

실크로드

둔황

셴양

로마에 없는 것이 아주 많다!

로마선

일남

남월

■ 후한

세계사 코멘터리

진나라 멸망 후 세워진 한나라는 전한 제7대 황제인 무제 시대에 전성기를 맞이한다. 북방 몽골의 흉노를 격퇴하고 베트남에 일남군, 한반도에 낙랑군을 설치했으며 카스피해 동쪽까지 세력권을 넓혔다. 중국 왕조들이 유교를 관학으로 삼은 것은 무제 시대부터였다. 역사가 사마천이 활약한 시기도 이때였다. 『후한서』에는 '왜(일본)노 국왕 사절'이 후한을 방문하여 황제로부터 금 도장을 받았다는 기록이 남아 있다.

크리스트교의 발전

로마 제국 시대, 크리스트교는 예수 그리스도와 그리스도를 신격화한 제자들에 의해 유럽 전역으로 널리 퍼져나갔다. 유대교는 일신교였으므로 예수 그리스도를 신으로 인정하지 않았다. 또 당시 로마의 황제도 전통적인 신들을 섬기는 신앙을 중시하여 크리스트교도를 박해했다.

그러나 로마 제국의 영토가 확대되면서 크리스트교 신자는 급격히 증가했고, 이 기세를 억누르기보다 받아들여야 한다고 생각한 콘스탄티누스 황제는 313년에 크리스트교를 공인했다.

이에 따라 각지에서 교회가 조직화하고 성직자라는 신분도 생겨났다. 로마 제국은 로마, 콘스탄티노플, 예루살렘, 안티오키아, 알렉산드리아, 5개 교구를 중심으로 교회와 신도를 관리하고자 했다. 이 중에서 예루살렘, 안티오키아, 알렉산드리아는 이슬람교도 영토에 포함되어 권력이 쇠퇴하고, 로마와 콘스탄티노플은 서로 권위를 높이려고 대립하여 동서 교회로 분열한다.

2

중세

동서 세계,
충돌하며 교류하다

5세기부터 14세기까지

유럽

로마가 분열하고 게르만족 국가가 등장한다. 유럽은 크리스트교의 성지를 탈환하기 위해 서아시아로 쳐들어가지만, 이슬람 세력에게 지중해 패권을 빼앗긴다.

서아시아

이슬람계 왕조가 들어서나 종파에 따라 분열한다. 한때 동아시아 국가의 침공을 받아 정복당하지만, 그 후 오스만 제국이 출현하여 유럽까지 세력을 뻗친다.

중국

송나라가 남북조로 나뉜 뒤, 몽골 제
국이 중국을 통치한다. 몽골 제국은
동유럽과 서아시아까지 세력권을 넓
힌다. 뒤이은 명나라는 대선단으로
세계 곳곳에 조공국을 늘려 영향력
을 강화한다.

유럽 세계의 성립과 변모하는 아시아

종교 대립을 명목으로 한 동서의 패권 다툼

중세는 정치와 경제 문제뿐만 아니라 종교적 대립으로 세력지도가 변해가는 시대였다. 오랫동안 권세를 떨쳤던 로마 제국은 황제 한 명이 광대한 영토를 유지하는 체제가 한계에 이르자 동서로 나뉘어 통치되었다. 그러다 유럽 북부의 게르만인이 대거 몰려 들어와 서로마는 멸망에 이른다.

서로마 멸망 후 유럽은 게르만인이 세운 국가들과 비잔틴 제국으로 이름을 바꾼 동로마, 그리고 아바스 왕조를 비롯한 서아시아의 페르시아인 세력이 뒤엉켜 패권 다툼을 벌이는 땅이 되었다.

서유럽에서는 게르만족 국가 중 하나인 프랑크 왕국이 번성했다. 프랑크 왕국은 브리타니아와 북이탈리아를 병탄한 후, 로마 교회와 밀접한 관계를 맺고 크리스트교권 국가들의 보호자로서 자리매김했다. 한편 비잔틴 제국은 로마 교회와 분리된 크리스트교 종파인 동방 교회(그리스 정교)와 유대를 다졌다.

아랍인의 종교인 이슬람교도 서아시아 전역으로 급속히 퍼져나갔다. 이슬람교는 다수파인 수니파와 엄격한 소수파인 시아파로 나뉘었고, 이러한 종파의 분열은 정권에도 영향을 끼쳤다. 이들 종파 간 대립으로 나라가 분열했고 같은 이슬람 국가 간에도 치열한 접전이 펼쳐졌다.

10세기에는 크리스트교와 이슬람교의 본격적인 대립이 시작되었다. 두 종교가 모두 예루살렘을 성지로 여긴 것이 화근이 되었다. 예루살렘은 당시 이슬람계 국가인 셀주크 왕조의 세력권에 속해 있었다. 그 때문에 프랑크 왕국의 뒤를 이은 신성 로마 제국은 예루살렘 탈환을 목표로 비잔틴 제국과 손잡고 일곱 차례나 원정에 나섰다. 이것이 십자군 원정이다. 하지만 신성 로마 제국이 한창 번영을 누리던 콘스탄티노플을 점령하기 위해 비잔틴 제국으로 쳐들어간 제4차 원정처럼, 십자군 원정은 종교 대립이라는 명분 아래 정치적·경제적 의도로 영토 확장을 꾀한 측면도 컸다.

13 게르만인의 이동과 건국

로마로 퍼져나가는 게르만인

오현제 시대 이후, 황제 혼자 국내를 통치하고 영토를 방위하기가 어려워지면서 분할 통치가 시작되었다. 로마를 동서로 나눈 뒤 각각 황제를 세워 다스렸는데, 이러한 통치 방식은 오히려 내란의 원인이 되기도 했다.

라인강 동쪽 영역에는 고트, 프랑크, 반달 등 게르만인이라 일컫는 민족이 살고 있었다. 이들은 순조롭게 인구를 늘려가다가 한나라를 위협한 흉노족의 후손인 유목민 훈족이 계속해서 서쪽으로 쳐들어오자 로마로 대거 이동했다.

당시 로마를 단독으로 통치하고 있던 황제 테오도시우스는 이러한 사태를 보고 로마를 다시 동서로 나눠 자신의 두 아들에게 다스리게 했다. 하지만 테오도시우스가 원래 동로마의 황제였던 탓에 서로마 세력은 이를 반기지 않았고, 서로마는 사회적·정치적으로 불안정해졌다.

결국 영내로 몰려 들어온 게르만인과 훈족에게 약탈당한 서로마 제국은 476년에 멸망했다.

🏛 등장인물 및 세력

패권세력 지도

더는 못 참겠다!
대이동이다!

어서 썩 비키지
못할까!

엄청나게 몰려오
니 막아낼 방도가
없다….

로마

콘스탄티노플

서쪽과 달리 국내가 안
정되어 다행이다….

■ 서로마
■ 동로마

✎ 세계사 코멘터리

4세기 후반, 로마 제국을 향한 게르만인의 이동이 시작되었다. 서고트, 동고트, 반달 등의
게르만족이 서지중해를 둘러싸듯 나라를 세웠고, 갈리아(지금의 프랑스·네덜란드 부근) 지방에
서는 프랑크 왕국이 기세 좋게 영토를 확장해나갔다. 그 결과, 로마 제국 서쪽 절반(서로마 제
국)은 게르만인의 지배 아래 놓였다.

14 비잔틴 제국의 국제 정치

살아남은 동로마의 전투 일지

서로마와 달리 수도 콘스탄티노플에 성벽을 쌓아 게르만인과 훈족의 유입을 막은 동로마 제국은 안정된 상태였다. 동로마 제국은 콘스탄티노플의 그리스 시대 이름인 '비잔티움'을 따서 비잔틴 제국으로 불렸다.

　로마 영내로 들어온 수많은 게르만 민족은 서로마가 멸망한 후 저마다 나라를 세웠다. 반달 왕국, 동고트 왕국, 서고트 왕국이 건국되었고, 지금의 프랑스에는 프랑크 왕국이 들어섰다.

　비잔틴 제국의 유스티니아누스 황제는 서쪽으로 진군해 반달 왕국과 동고트 왕국을 멸망시킨 후, 동쪽의 위협이었던 사산 왕조 페르시아와도 싸워 제해권을 쟁취했다. 그러나 황금기는 오래가지 않았다. 광대한 영토를 유지하기 위해 시민에게 무거운 세금을 부과했을 뿐 아니라, 로마 교회와 관계를 회복하고자 크리스트교도 이외에는 모두 배척했기 때문에 여러 민족의 강한 반발에 부딪혀 나라가 점점 불안정해졌다.

　7세기가 되자 비잔틴 제국은 이집트 등의 풍부한 곡창 지대마저 사산 왕조 페르시아에게 빼앗겼다. 유스티니아누스 황제 때 되찾았던 지중해 영토는 계속 줄어들었다.

🛡 등장인물 및 세력

프랑크 왕국　　　vs　　　비잔틴 제국　　　vs　　　사산 왕조

서쪽 지역은 절대 내주지 않겠다!

지중해 제국을 재건하자!

555년 탈환

2번에 걸쳐 침공

로마

콘스탄티노플

카르타고

534년 탈환

7세기 전반에 침략

이집트

동로마로 영역을 넓혀 풍요로운 곡창 지대를 빼앗자!

- 동로마
- 사산 왕조
- 반달
- 동고트
- 프랑크
- 서고트

✏️ 세계사 코멘터리

황금기를 이끈 유스티니아누스 황제는 6세기에 '지중해 제국 로마'를 재현했다. 서로마 붕괴 이후 유럽에서의 비잔틴 제국 황제 권력을 공고히 다지려 한 것이다. 이 무렵 조로아스터교를 국교로 한 사산 왕조는 '페르시아 제국의 재생'을 부르짖으며 비잔틴 제국으로 깊숙이 쳐들어가 격전을 벌였다. 이때는 제국들이 세력을 넓히기 위해 왕성한 활동을 펼친 시기였다.

15 중국, 탁발 국가의 시대

다시 시작된 군웅할거의 난세

중국은 후한이 붕괴하자 또다시 전국 시대로 돌아갔다. 위·촉·오가 대립한 삼국시대에는 위나라가 승리를 거머쥐었지만 얼마 지나지 않아 쿠데타로 멸망했고, 진(晉)이라는 나라가 중국을 통일했다. 그러나 진나라 역시 50여 년 만에 종말을 고한다.

중국 북부에서는 다섯 민족이 여러 나라로 갈라져 싸우는 5호 16국 시대를 거쳐 북위가 통일을 이뤘다. 한편 진나라의 살아남은 세력은 남쪽으로 도망쳐 동진이라는 나라를 일으켰으나 패망했고, 420년에 송나라가 건국되었다. 이렇게 해서 중국은 황허강의 북쪽과 남쪽으로 나뉘어 통치되는 남북조 시대로 접어들었다.

북위는 다섯 민족 가운데 선비라는 부족이 통일한 나라였는데, 한나라 시대로 돌아가자는 한화 정책을 펼쳤다. 그러나 한화 정책에 대한 반발로 말미암아 534년 동서로 세력이 나뉘어 멸망하고 만다. 남조도 송나라에서 여러 차례 왕조가 바뀐 끝에 589년 새로 일어난 수나라에 의해 무너졌다. 수나라는 남북을 통합하여 400여 년 만에 중국을 통일했지만 불과 38년 만에 멸망했다. 그 후 수나라에 이어 패권을 쥔 당나라의 치세가 약 300년 동안 이어졌다.

🦁 등장인물 및 세력

북위   vs   송나라

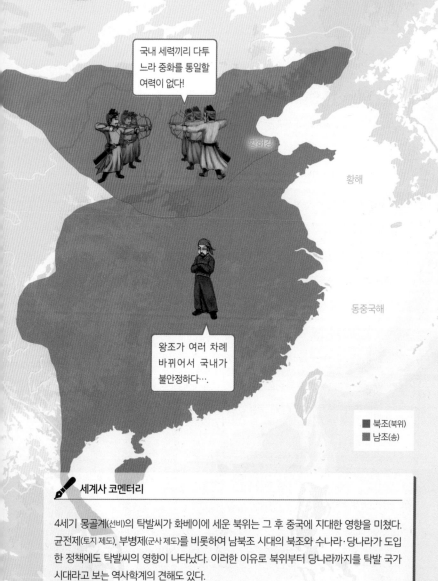

국내 세력끼리 다투
느라 중화를 통일할
여력이 없다!

황하강

황해

동중국해

왕조가 여러 차례
바뀌어서 국내가
불안정하다…

■ 북조(북위)
■ 남조(송)

✏️ **세계사 코멘터리**

4세기 몽골계(선비)의 탁발씨가 화베이에 세운 북위는 그 후 중국에 지대한 영향을 미쳤다.
균전제(토지 제도), 부병제(군사 제도)를 비롯하여 남북조 시대의 북조와 수나라·당나라가 도입
한 정책에도 탁발씨의 영향이 나타났다. 이러한 이유로 북위부터 당나라까지를 탁발 국가
시대라고 보는 역사학계의 견해도 있다.

16 투르·푸아티에 전투

이슬람 세력의 서유럽 침입을 막아낸 프랑크 왕국

8세기가 되자 서아시아에서 동지중해에 이르는 세력지도는 크게 달라진다. 이슬람계 왕조인 우마이야 왕조는 7세기 중반 조로아스터교가 국교인 사산 왕조를 무너뜨렸고, 과거 비잔틴 제국에 속했던 영토 상당 부분을 점령했다. 또 북아프리카 연안을 따라 서쪽으로 진출해 711년에는 서고트 왕족을 멸함으로써 이베리아반도까지 도달했다.

이렇게 끊임없이 내륙으로 공격해 들어가는 우마이야 왕조를 저지한 왕국이 있었다. 바로 프랑크 왕국이다. 이들은 대이동으로 로마 영내에 들어온 게르만인이 세운 국가 중 하나로 서로마에서 확고한 기반을 구축하고 있었다. 프랑크 왕국 카롤루스 마르텔은 투르·푸아티에에서 7일간 싸워 우마이야 왕조의 침략을 물리친다. 이 공적으로 교회와의 결속을 강화했고 카롤루스 마르텔의 아들 피핀 3세 시대에 왕권을 얻게 된다.

프랑크 왕국은 투르·푸아티에 전투에서 활약한 중장기병들에게 갈리아의 수비를 맡기기 위해, 교회와 수도원의 토지를 접수해 기사들에게 대여했다. 이는 군주가 가신에게 토지를 빌려주고 가신은 군주에게 충성을 맹세하는 봉건적 주종 관계의 원형이다.

🛡 등장인물 및 세력

우마이야 왕조   vs   비잔틴 제국   vs   프랑크 왕국

이교도로부터 이 땅을 지키자!

투르·푸아티에

이슬람 세력을 얕 볼 수 없구나….

이슬람교의 거대한 왕국을 세우자!

■ 비잔틴
■ 프랑크
■ 우마이야 왕조

🖊 세계사 코멘터리

8세기 이슬람 세력의 지하드(침략 전쟁)는 북아프리카에서 이베리아반도로 확대되었다. 이슬람 세력은 더 나아가 피레네산맥을 넘어 프랑크 왕국(지금의 프랑스)으로 침입했다. 이때 카롤루스 마르텔이 투르와 푸아티에 사이에서 이슬람군을 격퇴함으로써 유럽의 크리스트교권을 방어했다고 교회로부터 높은 평가를 받았다.

17 아바스 왕조의 성립

이슬람 세력의 대두

서아시아의 이슬람 세력은 비잔틴 제국 때문에 발칸반도로는 나아가지 못했지만, 북아프리카 연안을 지배하면서 계속해서 서쪽으로 세력을 키워나갔다.

750년에 세워진 아바스 왕조는 8세기 말에 전성기를 맞이한다. 과거 우마이야 왕조의 영토였던 지역을 차지하여 세력을 확장하고, 우마이야 왕조의 특징이었던 아랍인 우월주의를 철폐했다. 아바스 왕조는 이란인과 같은 비아랍계 민족도 관료로 등용하는 등 아랍 제국이 아닌 진정한 이슬람 제국의 수립을 목표로 내세웠다. 또 정복지의 민족이 이교도라 해도 이슬람교로 개종하면 인두세를 면제해줬다. 이러한 정책을 통해 영토 내 이슬람화를 전개함과 동시에 이교도들의 반란을 가라앉혔다.

아랍인 이외의 민족들도 관리나 군인으로 등용한 아바스 왕조의 방침은 이후의 세력 다툼에 영향을 끼쳤다. 예를 들어 아바스 왕조의 군사 노예로서 활약한 튀르크인들의 후예는 훗날 이집트와 시리아를 장악하는 맘루크 왕조를 열었다.

🦁 등장인물 및 세력

아바스 왕조

후 우마이야 왕조

패권세력 지도

서쪽 이슬람 세계는 우리가 중심이다!

아랍인의 나라가 아닌 이슬람교도의 나라를 세우자!

흑해

카스피해

■ 아바스 왕조
■ 후 우마이야 왕조
■ 이드리스 왕조

✎ 세계사 코멘터리

아바스 왕조에서는 인종과 언어에 상관없이 이슬람교도라면 모두 평등했다. 이 때문에 아바스 왕조는 '이슬람 제국'이라 불린다. 전성기는 8세기 말, 제5대 군주 하룬 알라시드 시대였다. 아라비아 문학의 걸작 『천일야화』에 등장하는 군주로도 유명한 하룬 알라시드는 프랑크 왕국의 카롤루스 대제와도 교류했다.

18 분열하는 이슬람 제국

수니파와 시아파의 불꽃 튀는 대결

제4대 정통 칼리프(이슬람의 최고 지도자) 알리가 죽자, 이슬람교는 다수파인 수니파와 소수파인 시아파로 나뉘었다. 시아파는 무함마드의 사위 알리와 그의 후손만 지도자로 인정하는 알리당으로, 무함마드의 혈족을 중시하는 엄격한 종파였다.

아바스 왕조는 시아파의 지원을 받아 수니파 정권인 우마이야 왕조를 무너뜨린 뒤, 모든 이슬람교도는 평등하다는 원칙을 내세운 대제국을 일으킨다. 그런데 아바스 왕조가 수니파 정권이라는 데 불만을 품고 있던 시아파의 한 세력이 10세기 초 튀니지에서 반란을 일으켜 파티마 왕조를 세웠다. 파티마 왕조는 모로코에서 아라비아반도 서쪽 해안까지 영토를 넓혔고, 아바스 왕조의 영토는 더욱 줄어들었다. 후 우마이야 왕조, 파티마 왕조, 아바스 왕조가 저마다 칼리프를 세우면서 이슬람 세계에는 세 명의 칼리프가 동시에 존재하게 되었다.

쇠약해진 아바스 왕조는 946년, 이란계 시아파가 세운 부와이 왕조의 수장을 대 아미르(대장군)로 임명한 후 바그다드를 지배하게 한다. 아바스 왕조의 수니파 칼리프는 실권을 넘겨서라도 시아파 군사 정권의 보호를 받아야 할 만큼 약해져 있었다.

🏛 등장인물 및 세력

아바스 왕조　　　vs　　　파티마 왕조　　　vs　　　후 우마이야 왕조

수니파

시아파의 반발이 심해서 영토가 줄 어들었다….

시아파

시아파

- ■ 파티마 왕조
- ■ 후 우마이야 왕조
- ■ 비잔틴 왕조
- ■ 아바스 왕조
- ■ 부와이 왕조

🖌 세계사 코멘터리

10세기 초 수니파(다수파)인 아바스 왕조에 그림자가 드리우기 시작했다. 창시자 무함마드의 혈족만 이슬람의 정통한 후계자로 여기는 시아파가 영내에 새로운 왕조를 일으켜 이집트에 파티마 왕조, 이란에 부와이 왕조가 들어선 것이다. 이 상황을 뒤집은 세력이 중앙아시아에서 일어난 셀주크 왕조였다. 셀주크 왕조는 시아파를 무너뜨리고 아바스 왕조의 보호를 대의로 삼았다.

19 카롤루스 대제의 시대

부활하는 로마 제국

서로마 멸망 후, 게르만족 가운데 하나인 프랑크족이 프랑크 왕국을 세웠고, 곧 서유럽의 중심 세력으로 자리 잡았다. 투르·푸아티에 전투에서 우마이야 왕조의 침공을 막아낸 카롤루스 마르텔에 이어 아들 피핀 3세가 카롤링거 왕조를 열었고, 피핀 3세의 아들카롤루스 대제(카롤루스 1세) 시대에 이르러서는 가장 막강한 힘을 가지게 되었다.

북이탈리아에는 게르만족 국가인 랑고바르드 왕국이 있었다. 이들은 비잔틴 제국과손잡고 이탈리아를 지배하려고 했을 뿐 아니라 로마 교황령까지 노렸다. 교회가 도움을요청하자 프랑크 왕국은 랑고바르드 왕국으로부터 토지를 빼앗아 교황에게 라벤나 지방을 기증하는 등 교회와 우호적 관계를 유지했다. 그리고 774년에는 마침내 랑고바르드 왕국을 함락시켰다.

또 802년에는 프랑크 왕국의 북동부에 살던 게르만족 중 하나인 작센인을 정복해 지배했다. 이렇듯 북쪽과 남쪽으로 세력을 넓힌 프랑크 왕국은 이베리아반도와 브리튼섬을 제외한 서유럽 지역 대부분을 손에 넣었다. 800년에는 카롤루스 대제가 로마 교황레오 3세에게 황제의 관을 받음으로써 크리스트교권 국가들의 보호자로 자리매김했다.

🛡 등장인물 및 세력

프랑크 왕국

후 우마이야 왕조

66

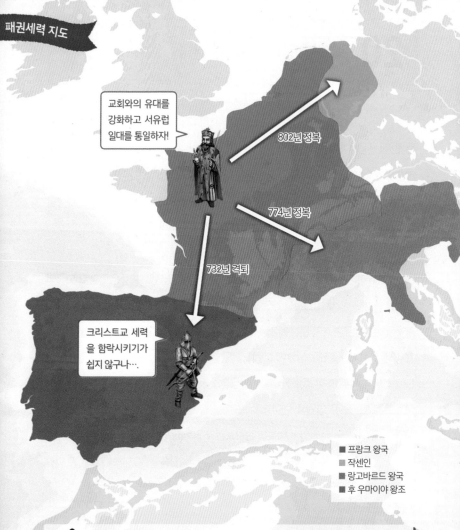

패권세력 지도

교회와의 유대를
강화하고 서유럽
일대를 통일하자!

802년 정복

774년 정복

732년 격퇴

크리스트교 세력
을 함락시키기가
쉽지 않구나…

■ 프랑크 왕국
■ 작센인
■ 랑고바르드 왕국
■ 후 우마이야 왕조

🖊 세계사 코멘터리

프랑크 국왕 카롤루스 대제는 '서로마 제국의 부활'을 이루었다. 800년 12월 25일, 성 베드
로 대성당에서 대관식이 거행되었다. '로마 황제'의 즉위식이었다. 카롤루스 대제는 유럽을
자신의 세력 아래 둠과 동시에 로마 교황과의 유대를 중시했다. 또 라틴어를 공용어로 삼았
고, 크리스트교의 옹호자로서 카롤링거 르네상스를 추진했다.

20 노르만인의 이동과 건국

두 번째 민족 대이동

프랑크 왕국은 왕에게 토지를 나눠 받은 제후가 그 토지를 보호하는 봉건제 지배 방식을 따랐다. 다만 직접 주종 관계를 맺고 있지 않으면 보호하지 않는다는 특수한 관습이 있어 중앙집권적 성격은 약했다. 그 때문에 카롤루스 대제가 죽자 왕국은 동프랑크, 서프랑크, 이탈리아, 세 나라로 분열되었다.

한편 북유럽에는 게르만족 중 하나인 노르만인이 살고 있었다. 이들은 프랑크 왕국의 분열을 틈타 9~11세기 서유럽 해안을 휩쓸며 대이동을 시작했다. 배를 이동 수단으로 사용해 이슬람 국가까지 원정했다는 점에서 게르만의 대이동과 달랐다. 이들은 '바이킹'이라 불렸다. 노르웨이 남부에 살던 노르만인은 서프랑크 노르망디에 상륙하여 노르망디 공국을 세우고, 이탈리아 남부와 잉글랜드 서쪽 해안에도 진출해 양 시칠리아 왕국과 노르만 왕조를 열었다. 덴마크의 노르만인은 잉글랜드 동쪽 해안에 데인 왕조를 세웠고, 스웨덴의 노르만인은 대륙의 슬라브인과 동화하여 러시아 제국의 기원이 되는 키예프 공국을 건설했다. 또 이들은 아이슬란드를 입회지(공동 이용지)로 삼았을 뿐 아니라 아메리카 대륙까지 진출하기도 했다.

🗡 등장인물 및 세력

노르만인

패권세력 지도

데인 왕조

노르만 왕조

노르망디 왕조

키예프 공국

양 시칠리아 왕국

■ 덴마크의 노르만인 점령지
■ 노르웨이의 노르만인 점령지
■ 스웨덴의 노르만인 점령지
■ 서프랑크 왕국
■ 동프랑크 왕국

🖊 세계사 코멘터리

9~10세기 프랑크 왕국이 멸망해가는 가운데, 새롭게 등장한 노르만인이 유럽의 세력권을 재편했다. 프랑스에 나라를 세운 노르만인의 자손은 1066년에 영국으로 건너가 노르만 왕조를 건국했다. 이 왕조가 오늘날까지 이어지는 영국 왕실의 기원이다. 노르만 왕조는 프랑스 내에도 영토를 가지고 있었는데, 이는 훗날 백년전쟁의 원인이 되었다.

21 십자군 파견의 시대

성지 탈환을 명분으로 한 원정

세 나라로 분열한 이후 프랑크 왕국에는 황제가 부재했으나, 962년 동프랑크의 오토 대제가 로마 교황으로부터 대관을 받아 황제로 즉위했다. 10세기 유럽 세계를 지배한 종교는 크리스트교였다. 하지만 크리스트교의 거대한 두 세력인 로마 교회와 콘스탄티노플 교회는 동서로 갈라져 각각 신성 로마 제국, 비잔틴 제국과 결속을 다진 상태였다.

한편 유럽에서는 성지 순례가 유행했는데, 성지인 예루살렘은 부와이 왕조에 이어 이슬람 제국을 지배한 셀주크 왕조 영토 내에 있었다. 셀주크 왕조가 비잔틴 제국으로 침공하자, 로마 교황은 이를 동서 교회를 통일할 기회라고 생각하여 지원에 나섰다. 크리스트교도들에게 '성지 탈환'을 호소하며 비잔틴 제국과 협력해 이슬람 세계로 무력 원정을 떠났다. 이것이 십자군 원정의 시작이었다.

1096년, 로마 교황의 호소에 응해 모여든 유럽의 제후들은 비잔틴 제국의 군대와 합류하여 예루살렘 탈환에 성공한다(제1차 십자군 원정). 그러나 곧 이슬람 세력에게 성지를 다시 빼앗겨, 그 후 200년 동안 일곱 차례에 걸쳐 원정을 계속했다. 성지 탈환을 명분으로 내세운 원정의 진짜 목적은 영토 확대와 부의 획득이었다.

🏛 등장인물 및 세력

성지 탈환을
위하여!

서방 교회와 손을
잡아야 하나….

잉글랜드

제1차 십자군 원정 루트

신성 로마 제국

프랑스 왕국

헝가리

카스티야

비잔틴 제국

콘스탄티노플

셀주크 왕조

예루살렘

크리스트교에
질 수 없지!

■ 그리스 정교
■ 로마 가톨릭
■ 이슬람

세계사 코멘터리

10~11세기는 동쪽의 이슬람교와 서쪽의 크리스트교가 교류와 충돌을 거듭한 시대였다. 십
자군 파견은 로마 교황, 왕, 제후, 상인, 저마다의 기대와 욕심에 따라 이루어졌다. 제4차 십자
군 파견 때는 베네치아 상인이 주도권을 잡고 비잔틴 제국 수도 콘스탄티노플을 점령했다.
당시 콘스탄티노플이 상업의 거점으로써 매력적인 도시였기 때문이었다.

세계사의 중심에 아시아가 서다

유럽 세계를 위협하는 아시아 세력

유럽이 종교 대립으로 전쟁을 거듭하는 가운데, 동아시아에서 강대한 세력이 침공해 왔다. 13세기 초, 중국을 통일한 몽골 제국은 기마 민족의 기동력을 앞세워 엄청난 속도로 서진했다. 그들은 유럽 북부에서 노르만인이 세운 키예프 공국을 함락시키고 폴란드·독일군과 싸워 승리를 거뒀다. 게다가 서아시아의 아바스 왕조를 무너뜨림으로써 유라시아 대륙 대부분을 거머쥔 대제국을 이뤘다. 육상·해상 교역로를 장악한 몽골 제국은 아시아와 유럽을 하나로 잇는 거대 상권을 형성했다.

그 후 몽골 제국이 쇠퇴하자 명나라가 중국의 패권을 거머쥐었다. 명나라는 몽골 제국만큼 세력을 확대하지는 못했지만, 해상 교역에 힘을 기울였다. 그 대표적인 예가 인도, 서아시아뿐만 아니라 동아프리카까지 도달한 '정화의 남해 원정'이다. 이 해상 원정으로 명나라는 수많은 조공국을 얻었다. 조공국이란 중국에 공물을 바치고 그 답례로 몇 배에서 몇십 배의 보물을 얻는 나라를 말한다. 중국이 크게 밑지는 것처럼 보이나, 타국으로부터 조공을 받음으로써 중국은 황제의 덕을 드러내고 다른 나라에 대해서도 왕조의 정통성을 주장할 수 있다고 생각했다. 이 원정으로 다수의 조공국을 얻은 명나라는 여러 나라에 위세를 떨치는 데 성공했다.

14세기에 들어서자 크리스트교권인 유럽 세계에 이슬람계 국가가 깊숙이 파고들었다. 서아시아에서 탄생한 오스만 제국이 비잔틴 제국을 멸망시키고 지중해 지역 대부분을 장악했다.

크리스트교 세력권이었던 유럽에서 크리스트교 세력이 아닌 이슬람계 세력이 강성해진 것은 그 후의 세계에 다양한 영향을 미쳤다. 예를 들어 지중해 일대를 좌우했던 오스만 제국은 북이탈리아의 상인들이 아시아 국가들과 교역할 때 높은 관세를 물렸다. 이것 때문에 유럽은 훗날 아프리카 대륙과 아메리카 대륙을 건너 아시아와 직접 교역하는 대항해 시대로 나아가게 된다.

22 몽골의 세계 제국 건설

거대한 제국의 탄생

동아시아에서는 중국 북부의 유목민족이 세력을 키워나가고 있었다. 칭기즈 칸이 통솔하는 몽골 제국이었다. 몽골 제국은 기마 민족의 기동력과 공격력을 앞세워 중국의 서하와 금나라를 무너뜨리고 계속해서 서쪽으로 쳐들어갔다. 2대 오고타이 칸의 치세에는 러시아의 키예프 공국을 함락시킨 뒤 서쪽으로 나아가 유럽 세계를 뒤흔들었다. 1241년 몽골군은 발슈타트(레그니츠키에폴레의 옛 이름)에서 폴란드·독일군을 격파하고 더 깊이 들어가려고 했으나 오고타이 칸의 사망으로 귀환한다.

4대 몽케 칸 때는 서아시아에까지 진출하여 아바스 왕조를 함락시키고 영토를 더욱 넓혔다. 그리고 5대 칸인 쿠빌라이가 원 왕조를 선언한 뒤, 남송을 멸망시키고 국호를 '대원'으로 고쳐 유라시아 대륙에 군림하는 대제국을 구축했다. 뿐만 아니라 고려를 속국으로 삼고 두 차례에 걸쳐 일본에 침공하는 등 영토 확장에 힘썼다.

그 후 오고타이 칸의 손자 카이두가 일으킨 반란을 계기로 몽골 제국은 원나라, 차가타이한국, 일한국, 킵차크한국으로 분열했다. 하지만 교역 관계의 편리성이 중시되어 몽골 제국의 통일성은 유지되었다.

🦁 등장인물 및 세력

몽골	vs	폴란드·독일	키예프
WIN		LOSE	LOSE

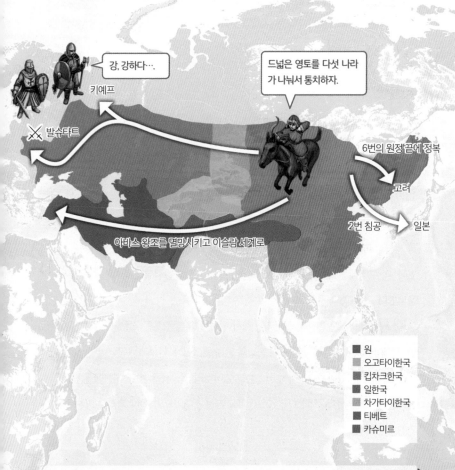

강, 강하다….

키예프

발슈타트

드넓은 영토를 다섯 나라가 나눠서 통치하자.

6번의 원정 끝에 정복

고려

2번 침공

일본

아바스 왕조를 멸망시키고 이슬람 세계로

■ 원
■ 오고타이한국
■ 킵차크한국
■ 일한국
■ 차가타이한국
■ 티베트
■ 카슈미르

세계사 코멘터리

몽골인의 세계 정복은 상업 제국 건설이 목적이었다. 동서 교역로인 오아시스길과 초원길을 장악한 데 이어 쿠빌라이 칸 시대에는 해상길까지 획득했다. 그러는 동안 중국과 이슬람, 유럽의 문화 교류도 이뤄졌다. 당시의 상황은 내용의 진위를 떠나 이탈리아 상인 마르코 폴로의 『동방견문록』에 상세히 적혀 있다.

23 왜구의 침략과 동아시아 정세

조공국을 확대하는 명나라

일본에서는 가마쿠라 막부의 쇠퇴와 남북조 시대의 혼란을 틈타 해적이 출현했다. 한반도의 상황도 다르지 않았다. 이 해적들은 '왜구'라고 불렸다.

중국에서는 원나라에 이어 명나라가 정권을 잡았다. 명나라의 초대 황제 홍무제는 1371년 왜구에 대한 대책으로서 민간인의 교역과 도항을 금지하는 해금령을 도입했다. 이에 따라 해외 무역은 조공을 위한 감합 무역으로 한정되었다. 외국의 사절이 명나라를 방문할 때 공물을 바치면 명나라가 이에 대한 답례로 중국의 물품을 하사하는 식이었다. 이 무역에는 왜구와 무역 상대국을 구별하기 위해 발행되는 증표인 감합부가 사용되었다. 그 결과, 왜구의 기세를 누그러뜨리는 데 성공했다.

3대 황제 영락제는 일본과도 무역을 개시하는 등 더 많은 조공국을 얻기 위해 다양한 곳으로 대선단을 파견했다. 이것이 정화의 남해 원정이다. 원정대는 동남아시아에서 인도, 아라비아반도, 아프리카까지 진출했고 명나라의 조공국은 20개 이상에 달했다. 이 원정은 유럽의 대항해 시대보다 100년 이상 앞선 것이었으며, 항해 거리도 당시로서는 가장 길었다.

🦅 등장인물 및 세력

명나라   vs   몽골인

패권세력 지도

타타르

영락제의
몽골 원정

해적이나 몽골인이
날뛰는 이유는 우리
가 우습게 보여서다!

난징

왜구의 진로

정화의
남해 원정 진로

■ 명
■ 조선
■ 일본

✏️ 세계사 코멘터리

14세기 후반 동중국해에 해적 상선이 출몰했다. 명나라는 왜구에 대응하기 위해 해금 정책
을 시행하여 민간 무역을 금지하고 조공 무역만 허락했다. 한편 일곱 차례에 걸친 정화의
남해 원정(1405~1433)은 세계 곳곳에 명나라에 대한 조공을 널리 주창했다. 조공품 중에는
기린도 있었다.

24 오스만 제국의 성립

이슬람의 지배로 변화하는 유럽

십자군 파견 시대가 끝나자, 서아시아에서는 이슬람 세력이 재편되었다. 그러는 동안 오스만 베이(부족장)가 일으킨 튀르크계 수니파인 오스만 왕조(오스만 제국)가 막강한 세력을 구축했다. 오스만 제국은 1453년에 비잔틴 제국을 무너뜨리고 수도를 콘스탄티노플로 옮겼다. 이들은 이교도라고 해도 정해진 세금만 내면 자치와 신앙을 인정받을 수 있었다. 이러한 정책의 시행으로 이민족이나 이교도의 뛰어난 인재를 활용할 수 있었으며, 영토를 확대하고 유지할 때 정복지 주민들의 저항감을 낮출 수 있었다.

16세기 오스만 제국은 유럽과 아시아에 걸쳐 거대한 이슬람 국가로 성장했다. 이슬람 세계의 유럽 침투는 큰 파장을 불러일으켰다. 비잔틴 제국이 오스만 제국에 멸망하면서 그리스계 문화인들이 피렌체로 흘러 들어갔고, 그리스 고전 문화가 프랑스에 소개되어 르네상스가 꽃피는 데 영향을 미쳤다. 나아가 동지중해를 지배했던 오스만 제국이 유럽과 아시아를 잇는 교역로를 장악하자, 이전까지 이탈리아 상인과 이슬람 국가 사이에서 행해지던 동방 무역이 힘들어져 향신료 가격이 급등했다. 이는 유럽이 아시아와의 새로운 교역로를 개척한 대항해 시대의 계기가 되었다.

🛡 등장인물 및 세력

오스만 제국 　과세 →　 유럽 국가

패권세력 지도

아시아와 무역을 할 수 없어졌군…. 다른 쪽으로 돌아서 갈 방법이 없을까?

빈

동쪽과 무역을 할 때는 육상으로 가든지, 해상으로 가든지 세금을 내야 한다!

콘스탄티노플

튀니스

예루살렘

카이로

■ 오스만 제국

✎ **세계사 코멘터리**

16세기 술레이만 1세는 오스만 제국의 전성기를 이끌었다. 그는 프랑스가 주도한 반합스부르크 외교를 지지하며 신성 로마 제국의 황제 카를 5세와 전쟁을 벌였다. 이것이 제1차 빈 공방전이다. 지중해에서는 프레베자 해전에서 승리해 해상 패권을 거머쥐었고, 국내에서는 '밀레트'라는 종교별 지역 사회를 인정하여 종교 연합 제국의 모습을 보였다.

몽골이 구축한 거대한 상업 제국

초대 황제 칭기즈 칸 이래, 몽골은 세계적인 상업 제국을 구축하겠다는 전무후무한 청사진 위에 영토를 확장해나갔다. 그리하여 육로와 해로를 잇는 타원형 네트워크를 정비했다. 실크로드의 북쪽 '초원길'과 아라비아반도에서 인도와 말레이반도를 거쳐 중국에 도달하는 '바닷길', 이 두 교역로를 정리함으로써 인종과 문화를 초월해 서양·이슬람·중국을 잇는 역사상 유례없는 대제국을 건설하는 데 성공했다.

그것 뿐만이 아니었다. 상업 활성화를 위해 상인이나 통역관 등을 우대하는 시책을 펼쳤다. 그들에게 말과 낙타 등의 이동 수단과 음식물을 제공했다. 동시에 '파이자'라고 불리는 통행증을 발행하여, 이 통행증을 지니고 있으면 제국 어디에서든 자유롭게 숙박할 수 있게 했다.

이러한 시책을 토대로 대규모 상권이 완성되었고 문화 교류도 활발히 전개되었다.

3

근세

세계화,
새로운 세계사를 쓰다

13세기부터 18세기까지

유럽

이베리아반도의 스페인과 포르투갈이 아시아, 남미, 아프리카와 연결된다. 그 영향으로 유럽에서 봉건제가 쇠퇴하고 종교 개혁이 일어난다. 주권 국가로서 우뚝 선 영국, 프랑스, 오스트리아, 네덜란드 등이 패권을 다툰다.

중국

대항해 시대에 중국의 차가 유럽에 널리 퍼져 대유행을 일으킨다. 명나라가 쇠퇴해가는 가운데 북부의 여진족이 세력을 확장해 청나라를 세운다.

북아메리카

서쪽 항로로 아시아를 향하던 스페인이 북아메리카를 발견한다. 뒤이어 북아메리카로 건너간 영국에 의해 식민지화가 시작된다.

남아메리카

스페인, 포르투갈이 남아메리카에 발을 들여놓는다. 이때 전염병도 함께 들어와 많은 원주민이 사망한다. 남아메리카는 영국과 프랑스를 비롯한 유럽 국가의 식민지로 전락한다.

경제와 종교, 세계사를 하나로 연결하다

대항해 시대가 초래한 유럽의 사회·경제적 변혁

대항해 시대, 유럽 국가들이 먼바다로 진출함으로써 유럽의 경제와 종교는 전 세계를 휩쓸며 변화한다.

포르투갈이 아시아와의 항로를 독점했기 때문에 스페인은 서쪽으로 돌아 아시아로 향했다. 이 항해 도중 발견한 신대륙에서 산출된 은이 스페인을 통해 유럽 전역에 대량으로 흘러들었다. 이로 인해 은의 가치가 폭락하여 물품의 가격이 오르는 가격 혁명이 일어났다. 전통적인 봉건 영주들은 일정한 지대밖에 얻지 못하는 탓에 빈곤해져 몰락했고, 군주가 절대적인 권력을 가지는 절대 왕정 시대로 나아가게 되었다.

물가 상승은 종교에도 영향을 미쳤다. 사회적 불안이 커지는 가운데 부패한 로마 가톨릭교회는 거센 비난을 받았다. 이러한 교회에 대항하는 새로운 종파 프로테스탄트가 교회로부터 착취당하던 사람들의 지지를 얻으면서 종교 개혁이 일어났다.

가톨릭과 프로테스탄트의 분쟁은 유럽의 패권 다툼에 이용되기도 했다. 30년 전쟁 때는 신성 로마 제국에서 일어난 신·구교도 분쟁에 스페인과 네덜란드가 종파 간 대립을 구실로 참전했다. 하지만 그 이면에는 자국의 세력 확대와 종주국으로부터 독립을 꾀하려는 의도가 숨어 있었다.

가톨릭교회는 이베리아반도에서 이슬람 세력을 쫓아낸 후 크리스트교 세력권을 회

복한 듯 보였으나, 프로테스탄트가 등장함에 따라 바다 건너로 포교지를 찾아 나서야

했다. 아메리카 대륙과 아시아를 향한 무역선에 선교사를 태워 보내, 그곳에서 가톨릭

을 널리 보급했다.

　또 중국과의 교역으로 유럽에서 차가 대유행하면서 설탕의 수요도 함께 증대했다.

이 때문에 설탕 등을 만드는 남미 플랜테이션에서는 대량의 노동력이 필요해졌다. 유

럽 국가들은 아프리카에 무기를 수출하고 흑인 노예를 남미로 보내, 그곳에서 만든 설

탕을 유럽에 가져와 파는 삼각 무역으로 막대한 부를 얻었다. 이것이 훗날 산업 혁명

을 일으키는 기반이 되었다.

25 백년전쟁

봉건제의 종말

오스만 제국이 아직 서유럽 국가에 영향을 미치기 전, 서유럽에서는 프랑스와 영국이 백년전쟁을 벌이고 있었다.

노르웨이계 노르만인이 프랑스 노르망디 지방에 상륙하여 토지를 점령하고 있었으므로, 영국 왕조는 오래전부터 프랑스 국내에 영토를 갖고 있었다. 이 영토의 지배권을 놓고 더욱 영향력을 확대해나가려는 영국과 국내에서 영국을 몰아내고 전 지역을 지배하려는 프랑스가 대립했다. 1339년 프랑스 왕조 카페가의 대가 끊어지자, 카페가의 혈통을 잇는 영국왕 에드워드 3세가 프랑스 왕위 계승권을 주장하며 프랑스로 쳐들어갔다. 이것이 백년전쟁의 서막이었다.

전반에는 영국이 우세하여 프랑스의 많은 지역을 이중 왕국으로 삼았다. 프랑스는 내란 등으로 나라 안이 어지러워 열세에 몰렸으나, 1428년 잔 다르크의 등장으로 정세가 안정되면서 파리, 노르망디, 보르도를 되찾았다. 1453년에는 칼레를 제외한 프랑스 전역에서 영국을 몰아내는 데 성공했다. 이 전쟁은 유럽이 봉건제에서 절대 왕정제로 넘어가는 데 영향을 미쳤다.

🛡 **등장인물 및 세력**

영국(빨간색 영역은 이중 왕국)
프랑스
부르고뉴 공 지배지

칼레

파리

보르도

원래 우리 영토였다!

프랑스 국민이여,
하나가 되자!

세계사 코멘터리

전쟁의 도화선이 된 것은 영국 국왕이 프랑스 왕위 계승권의 정통성을 주장했기 때문이지
만, 서유럽의 모직물 산업과 포도주 공업을 둘러싼 경제적 이해관계도 작용했다. 이 전쟁으
로 프랑스 내의 영국령은 도버 해협에 접한 칼레시만 남게 되었다. 그리고 영국과 프랑스
양국 모두 강력한 왕권을 구축하기 시작했다.

26 비잔틴 제국 멸망과 러시아의 대두

명맥을 이어나가는 '로마'

백년전쟁이 끝난 1453년은 오스만 제국에 의해 비잔틴 제국이 종말을 맞이한 해이기도
했다. 비잔틴 제국 북방에는 스웨덴에서 이동해온 노르만인이 9세기 중반에 슬라브인
과 함께 노브고로드 공국을 세웠고, 그곳에서 남하한 무리가 9세기 말에 키예프 공국을
일으켰다. 이 두 나라가 러시아의 기원으로, 지리상 비잔틴 제국과 가까웠기 때문에 비
잔틴 문화는 물론 동방 교회의 영향을 받았다. 그러나 몽골 제국의 서진으로 키예프 공
국은 멸망했고, 노브고로드 공국은 서유럽 국가들과 분쟁이 치열했던 탓에 5국으로 분
열한 몽골 제국 중 하나인 킵차크한국에 종속되었다.

　1283년 노브고로드 공국의 모스크바를 거점으로 모스크바 대공국이 탄생한다. 점차
세력을 확장한 이들은 노브고로드 공국을 멸망시키고 러시아를 통일했다. 더불어 킵차
크한국에 대한 납세를 중단하고 오랜 세월에 걸친 몽골의 지배에서 벗어나 자립을 이뤘
다. 모스크바 대공인 이반 3세는 비잔틴 제국 마지막 황제의 조카딸과 결혼해 자국이 로
마의 정통 후계국임을 주장했고, 이후 모스크바는 '제3의 로마'로 불렸다.

🐎 등장인물 및 세력

몽골 제국　　　독립　→　　모스크바 대공국

'타타르의 굴레'에서 벗어나 독립한다! 우리는 로마를 계승한 나라!

노브고로드

모스크바

키예프

■ 모스크바 대공국
■ 몽골 제국

✏️ **세계사 코멘터리**

백년전쟁이 끝난 1453년, '동로마'로서 1000년에 이르는 역사를 쌓아온 비잔틴 제국이 무너졌다. 동지중해에서 세력을 확장하던 이슬람계 오스만 제국에 멸망 당한 것이다. 인접한 러시아에서는 '제3의 로마'라고 자부하는 모스크바 대공국이 몽골로부터 독립했다. 이처럼 동지중해 지역에서는 신구 세력의 극적인 교체가 이루어지고 있었다.

27 레콩키스타의 종식

이슬람 세력에게 점령당한 국토의 회복

동방 교회가 계승되는 한편 십자군 원정으로 대표되듯 서방 교회의 세력도 팽창했다. 이러한 움직임이 이베리아반도에서도 일어나고 있었다. 이베리아반도는 원래 게르만족 중 하나인 서고트인이 세운 서고트 왕국의 영토로 서방 교회 세력권에 속했으나, 711년 우마이야 왕조가 이베리아반도를 장악하면서 이슬람 세력 아래 들어갔다. 그렇다고 해도 이슬람계 왕조의 지배 방식은 온건했기 때문에 현지 크리스트교도의 반발이 적었다.

그러나 1031년 후 우마이야 왕조가 멸망하고 이슬람 국가가 분열하자 크리스트교도의 반란이 거세졌고, 이슬람교도로부터 영토를 되찾으려는 레콩키스타(재정복운동)가 일어났다. 1085년 이베리아반도 북부의 카스티야 왕국이 톨레도를 탈환한 뒤, 프랑스 등지의 십자군과 반도 동북부에서 일어난 아라곤 왕국, 포르투갈 왕국 등 다른 가톨릭 국가들의 힘을 빌려 이슬람 세력을 몰아냈다. 1479년에는 카스티야 왕국과 아라곤 왕국이 통합하여 스페인 왕국을 이뤘고, 1492년 이베리아반도의 마지막 이슬람 세력인 그라나다 왕국까지 함락시킴으로써 레콩키스타는 막을 내렸다.

🛡 등장인물 및 세력

카스티야   WIN   *vs*   LOSE   그라나다

이슬람으로부터 국토를 되찾자!

톨레도

진군

진군

진군

리스본

가톨릭 세력이 이렇게까지 강성해 질 줄이야…

그라나다

후퇴

■ 카스티야
■ 아라곤
■ 나바라
■ 포르투갈
■ 그라나다

세계사 코멘터리

스페인에서 전개된 '레콩키스타(재정복 운동)'의 목적은 8세기 이래 계속된 이슬람 지배에서 벗어나 가톨릭 세력권으로 돌아가는 것이었다. 알람브라 궁전으로 유명한 그라나다 왕국이 무너지면서 1492년에 레콩키스타는 종식된다. 같은 해에 유대교도 탄압을 받았다. 한편 레콩키스타 정신은 스페인 왕국 이사벨 여왕 치세에서 대항해 시대의 정신으로 이어졌다.

28 대항해 시대와 세계의 일체화

하나로 이어지는 전 세계의 대륙

15세기 초 포르투갈은 엔히크 왕자의 지휘 아래 세력권을 넓히고자 아프리카로 출항했다. 같은 시기 오스만 제국이 동지중해를 장악하면서 향신료의 가격이 폭등했다. 포르투갈은 아시아와 직접 거래할 수 있는 신항로 개척이 필요하다고 판단해 아프리카에서 인도로 향했다. 나침반 등 원양 항해 기술의 발달이 이를 가능하게 했다. 그리고 마침내 대항해(대교역) 시대의 서막이 올랐다.

포르투갈은 아프리카 대륙을 넘어 동쪽 항로로 아시아와 교역하고자 했다. 그들은 15세기 말에 남아프리카 희망봉에 도달했다. 그 후 바스쿠 다가마가 인도의 코지코드에 도착하여 아시아와의 무역로를 개척함으로써 향신료 무역을 독점했다.

한편 레콩키스타가 끝난 1492년, 스페인은 아시아에 도달하기 위해 대서양을 횡단하는 서쪽 항로를 택했다. 항해 도중 아메리카 대륙에 이르러 중남미 국가를 차례차례 식민지화했고, 그곳에서 산출된 은 등으로 막대한 부를 축적했다.

이렇게 태평양, 대서양, 인도양을 잇는 교역로가 열렸고, 세계는 유럽을 중심으로 일체화되었다.

🗿 등장인물 및 세력

스페인   포르투갈

서쪽으로 돌아 중남미를 정복!

동쪽으로 돌아 인도와의 교역로를 확보!

필리핀으로

인도로

희망봉

■ 스페인과 본국 식민지
■ 포르투갈과 본국 식민지

✏️ 세계사 코멘터리

스페인과 포르투갈은 가톨릭 세력을 확장하고 향신료를 구하기 위해 인도로 향했다. 16세기 초반 인도와 유럽을 잇는 국제 상업망이 형성되었다. 또 스페인이 지배하는 '신세계'에서 대량의 은이 채굴되자, 국제 상업망은 은화를 국제 통화로 하면서 하나로 이어졌다. 은으로 세계가 일체화된 것이다.

유럽 종교 개혁과 가톨릭의 확산

분열하고 확산하는 크리스트교

이 무렵 로마 교황을 중심으로 한 로마 가톨릭교회는 황제보다 권위가 높았고 의례나 건축으로 그 위상을 과시했다. 교황은 권위 유지를 위한 성 베드로 대성당의 재건비를 조달하고자 '면벌부(대사부)'를 판매했다. 면벌부를 사면 천국행을 보증받는다고 선전했다. 여기에 '신앙으로써만 구원받을 수 있다'며 반대 의견을 내세운 사람이 독일의 마틴 루터였다. 루터를 지지한 저항 세력을 '프로테스탄트', 부패한 가톨릭에 대항한 운동을 '종교 개혁'이라고 불렀다. 교회에 착취당하던 농민들이 루터의 생각에 동조해 반란을 일으키자, 종교 개혁은 농노들의 분쟁으로 연결되었다. 또 루터파에 영향을 받은 반가톨릭 세력이 프랑스와 영국에도 나타나면서 종교 전쟁이 유럽 전역으로 번졌다.

한편 가톨릭교회는 로마 교황과 가톨릭을 지지하는 영주들의 협력으로 각지의 반란을 억눌렀다. 당시 스페인은 레콩키스타를 거쳐 강력한 가톨릭 국가로 자리 잡고 있었다. 대항해 시대에 아시아와 아프리카, 남미 국가들과 이어져 있던 스페인은 로마 교황에 대한 복종과 전도를 중시하는 예수회를 결성하고 전 세계에 선교사를 파견해 가톨릭을 널리 포교했다.

🛡 **등장인물 및 세력**

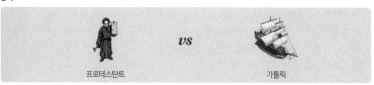

프로테스탄트   *vs*   가톨릭

노르웨이

스웨덴

덴마크

영국

지금의 교회는 부패
했다! 신앙만이 인간
을 의롭게 한다!

루터

신성 로마 제국

선교사를 실어 날라
가톨릭의 가르침을
널리 알리자.

프랑스

스페인

로마

나폴리 왕국

포르투갈

■ 프로테스탄트
■ 가톨릭

✎ 세계사 코멘터리

대항해 시대가 진전되었을 때, 유럽은 루터파와 칼뱅파가 주도하는 종교 개혁의 시대를 맞
았다. 성서에 적힌 신의 언행을 믿고 따르는 것이야말로 크리스트교의 진리라는 새로운 바
람이 불어닥쳤다. 한편 가톨릭은 예수회로부터 지지를 받아 포교 활동지를 인도와 중국, 일
본 등으로 넓혀나갔다.

30   30년 전쟁과 루이 14세

신·구교도의 대립을 이용한 세력 다툼

각지에서 신교(프로테스탄트)와 구교(가톨릭)의 종교 전쟁이 한창이던 1618년, 유럽 전역을 휩쓴 대규모 국제전인 '30년 전쟁'이 발발했다. 지금의 체코 서부, 신성 로마 제국을 구성하는 보헤미아 왕국에서 신·구교도가 대립하자 영국과 네덜란드가 신교를, 스페인이 구교를 지원하면서 전쟁이 시작됐다. 그 후 덴마크, 스웨덴이 신교 측을 지원하며 직접 개입하는 등 신·구교도의 전쟁을 명목으로 한 북유럽 국가 간 패권 다툼의 양상이 나타났다.

게다가 이 전쟁에는 또 하나의 대립 축이 있었다. 당시 신성 로마 제국에서 대대로 황제를 배출했던 합스부르크가는 스페인, 헝가리 등에도 강한 영향을 미친 유럽의 거대 세력이었다. 이에 대항하던 중심 세력이 프랑스의 부르봉가였는데, 프랑스는 구교 국가인데도 신교 측을 지원하여 독일과 팽팽한 대립 구도를 형성했다.

결국 30년 전쟁은 강화 조약을 맺음으로써 마무리되었다. 독일 영내에서 제후의 주권이 인정되었으며, 신성 로마 제국은 사실상 해체되었다. 합스부르크가의 영지였던 스위스와 스페인의 영지였던 네덜란드도 독립했다.

🦅 등장인물 및 세력

스웨덴

덴마크

신교도를
제압하라!

지원

지원

구교

지원

지원

지원

신교

스페인은 구교
의 나라!

합스부르크가의 기
세를 꺾을 기회다!

부패한 구교 세력
에 맞서 싸워라!

■ 신성 로마 제국
■ 프랑스
■ 스페인
■ 영국

✏ 세계사 코멘터리

30년 전쟁은 독일의 종교 문제에서 시작했지만, 프랑스가 반합스부르크라는 외교적 입장
에서 개입했기 때문에 국제전으로 발전했다. 이 전쟁을 끝맺은 베스트팔렌 조약으로 네덜
란드와 스위스가 독립했고, 주권 국가 간의 대등한 관계가 확인됨으로써 유럽 국가들은 근
대 외교사의 출발점에 서게 되었다. 한편 루이 14세가 프랑스 왕위에 오르면서 영국과 프
랑스가 격돌하는 '전쟁의 시대'로 들어선다.

31 스페인 왕위 계승 전쟁의 승자

힘의 균형이 조정되는 유럽

18세기 합스부르크가와 부르봉가의 대립은 다른 곳에서도 계속되었다. 스페인 왕가 합
스부르크가의 대가 끊어지자, 프랑스의 부르봉가와 오스트리아의 합스부르크가가 현
군주의 혈육을 각각 계승자로 옹립했다. 결국 군주의 유언에 따라 프랑스 측이 스페인
왕위를 계승했으나, 왕위에 오른 펠리페 5세는 프랑스의 왕위 계승권도 포기하지 않았
다. 프랑스와 스페인의 통합은 시간문제였다. 이에 위협을 느낀 영국, 네덜란드, 오스트
리아가 프랑스에 대항하면서 스페인 왕위 계승을 둘러싼 전쟁이 시작되었다.

전쟁 초반에는 프랑스가 우세했다. 그러나 국내에서 프로테스탄트가 봉기하고 기근이
발생하는 바람에 점점 열세에 몰렸다.

그러던 중 다른 후계자를 스페인 왕으로 옹립하던 오스트리아의 황제가 사망했다. 이
에 프랑스를 이기더라도 오스트리아와 스페인이 통합하면 세력 균형이 무너질 것이라
고 우려한 각국은, 펠리페 5세를 스페인 왕으로 인정하고 위트레흐트 조약을 맺어 휴전
했다. 이 조약으로 프랑스는 스페인과 통합할 수 없게 되었고, 스페인령과 자국 영토의
일부를 양도해야 했다. 더불어 스페인에 대한 노예 공급 계약권도 영국에 넘겨줬다.

🏛 등장인물 및 세력

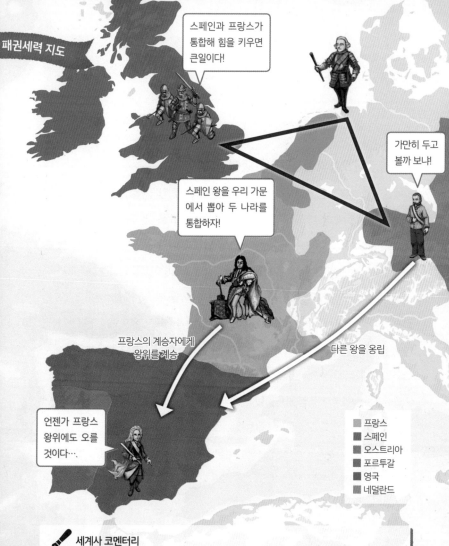

패권세력 지도

스페인과 프랑스가 통합해 힘을 키우면 큰일이다!

스페인 왕을 우리 가문에서 뽑아 두 나라를 통합하자!

가만히 두고 볼까 보냐!

프랑스의 계승자에게 왕위를 계승

다른 왕을 옹립

언젠가 프랑스 왕위에도 오를 것이다…

프랑스
스페인
오스트리아
포르투갈
영국
네덜란드

✏️ 세계사 코멘터리

루이 14세가 '프랑스·스페인 연합'을 구상하자 합스부르크가 등이 반발했다. 영국 역시 스페인에 대한 노예 공급 계약권(아시엔토)을 노리고 전쟁에 뛰어든다. 전쟁이 끝나자 유럽 국가들은 세력 균형을 도모하기 위해 부르봉 왕조 스페인의 성립을 인정했다. 그러나 프랑스와 스페인의 연합은 불가능해졌고, 두 나라는 보유하고 있던 해외 영토와 특권을 넘겨줘야 했다.

32 7년 전쟁

어제의 적이 오늘의 동지가 되는 동맹 상대

스페인 왕위 계승 전쟁에서 오스트리아를 지원한 대가로 왕국으로 승격한 나라가 있었다. 북독일 발트해 연안의 독일 기사단령에 뿌리를 둔 프로이센 공국이다. 프로이센은 오스트리아의 합스부르크가를 여성인 마리아 테레지아가 이어받는 것에 반대하며 전쟁을 일으켜 슐레지엔을 빼앗았다. 이 대립은 7년 전쟁의 방아쇠를 당긴다.

마리아 테레지아는 프랑스와 손잡았다. 이는 오랜 세월 대립해 온 합스부르크가와 부르봉가의 결탁이란 점에서, 외교 혁명이라 불릴 만한 변화였다. 왕위 계승 문제에 참견할 정도로 세력을 확대한 프로이센이 앞으로 유럽에 큰 위협이 될 수 있다는 점에서 두 나라의 이해가 일치한 것이다.

프로이센은 영국과 동맹을 체결했다. 하지만 영국은 프랑스와 북미 대륙에서 프렌치·인디언 전쟁, 인도에서 플라시 전투를 치르고 있었기 때문에 유럽에 군사력을 쪼갤 여유가 없었다. 그럼에도 7년 전쟁은 프로이센의 승리로 끝났다. 러시아는 국내 사정 때문에 프로이센과 단독으로 강화했고 프랑스도 식민지 전쟁에서 패했지만, 프로이센은 오스트리아의 일부인 슐레지엔을 획득했다.

🛡 등장인물 및 세력

식민지 전쟁 때문에 제대로 싸울 여력이 없다!

압도적으로 전력 차이가 난다….

황제가 죽었다! 강화를 요청한다!

지원

침공

어쩔 수 없지, 오스트리아와 협공하는 수밖에!

침공

침공

프로이센을 가만히 둬선 안 된다!

■ 프로이센 측
■ 오스트리아 측
■ 슐레지엔

세계사 코멘터리

오스트리아와 프랑스의 외교 혁명으로 국제 정치는 새로운 판도를 형성했다. 외교 혁명 직후에 일어난 7년 전쟁에서 프랑스는 오스트리아를, 영국은 프로이센을 지원한다. 그 무렵 프랑스는 북미 대륙을 둘러싼 프렌치·인디언 전쟁에서도 영국에 대패해 북미 식민지를 전부 잃었다. 이에 반해 영국은 수많은 프랑스 영토를 획득하고 식민지 제국을 구축했다.

33 18세기 동아시아 패자, 만주족

동아시아에서 탄생한 거대한 세력

1616년 중국 동북부에서 여진족의 후예인 만주족이 대두했다. 지도자 누르하치는 해당 지역의 세력을 정리하여 후금을 건국한 뒤, 1619년 명나라 영토인 랴오둥 지방(만주)을 평정했다. 2대 황제인 홍타이지는 국호를 청으로 고치고 중국 전역을 정복하고자 했다. 명나라는 청나라의 침공에 대비한 전비를 마련하기 위해 농민에게 무거운 세금을 부과했고, 이에 반발한 농민들이 전국 각지에서 반란을 일으켰다. 그중 가장 규모가 큰 '이자성의 난'으로 명나라가 무너지자, 그 틈을 타 청나라는 수도 베이징에 입성한다. 이로써 청나라의 중국 지배가 시작되었다.

청나라의 4대 황제 강희제는 타이완을 포함한 중국 전토를 통일한다. 행정 기관에 만주족과 한족을 동등하게 받아들이는 시책 등을 실시하여 한족의 반란을 억눌렀다. 그러나 사상 탄압이나 변발 강제 등 소수 민족 국가로서의 통제도 잊지 않았다. 그 후 5대 옹정제, 6대 건륭제 시대에는 평화가 이어졌으며 몽골과 티베트를 간접 통치했다. 조선과 베트남 등에 대해서는 종주국으로서 조공 무역을 시행하여 명실공히 동아시아 군주의 지위를 확고히 했다.

🛡 등장인물 및 세력

청나라

동아시아 일대를
우리 것으로!

조공

조공

베이징

조공

조공

조공

조공

조공

■ 러시아
■ 청(직할지)
■ 청(번부)
■ 조선
■ 베트남
■ 버마
■ 시암
■ 네팔
■ 코칸트한국

🖌 세계사 코멘터리

17세기에 북동 아시아를 제패한 만주족은 1644년에 베이징을 점령한다. 만주족이 세운 청
나라는 그 후 주변부 여러 민족을 제압해 18세기 동아시아의 패권을 거머쥐었다. 만주·티
베트·몽골·위구르·지나(한족), 다섯 민족을 거느리는 거대한 제국이 출현한 것이다. 청나라
는 대내적으로는 정복 왕조로서 군림하여 변발을 강제했고 대외적으로는 해금 정책을 펼
쳤다.

34 대서양 삼각 무역과 영국 산업 혁명

식민지 무역으로 급속하게 발전하는 영국

영국이 청나라와 교역으로 인해 차가 대량으로 들어오면서, 17~18세기 유럽에서는 차가 대유행했다. 이에 따라 설탕의 수요도 증대하여 브라질 등 남미 대륙에서 사탕수수 재배가 폭발적으로 확대되었다.

노동자로 착취당한 현지 원주민은 가혹한 노동과 전염병 등으로 수가 급감했다. 이에 영국과 프랑스는 아프리카 대륙의 흑인 국가에 무기를 수출했고, 그 수익으로 흑인들을 사들여 카리브해에 노동자로 보냈다. 그리고 남미 대륙에서 그들이 생산한 설탕과 면화, 커피 등을 사 오는 효율적인 삼각 무역을 전개했다. 이러한 무역을 통해 영국과 프랑스는 막대한 부를 얻었다.

18세기 후반이 되자 영국에서 산업 혁명이 일어나 면공업, 기계공업, 철강업 등이 급속하게 발전했고, 삼각 무역으로 얻은 자금이 이들 산업의 발전을 떠받쳤다. 이렇게 산업 혁명으로 자본주의가 발전하자, 영국을 중심으로 한 자본주의 국가군과 그 종속국이라는 세계 시스템이 구축된다.

🛡 **등장인물 및 세력**

유럽

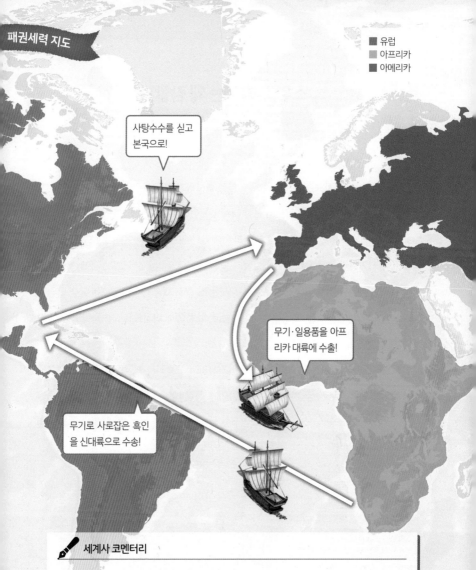

■ 유럽
■ 아프리카
■ 아메리카

사탕수수를 싣고 본국으로!

무기·일용품을 아프리카 대륙에 수출!

무기로 사로잡은 흑인을 신대륙으로 수송!

🖊 세계사 코멘터리

노예 공급 계약권(아시엔토)을 획득한 영국은 남아메리카 플랜테이션 재배에 필요한 노동력으로 아프리카 흑인 노예를 공급해 이익을 얻었다. 플랜테이션에서 수확한 면화 등은 영국으로 수출되었다. 18세기 대서양을 넘나드는 삼각 무역은 영국의 리버풀에 막대한 부를 가져다주었고, 그 이익은 산업 혁명의 자금으로 이용되었다.

스위스 병사는 왜 강할까?

스위스는 30년 전쟁으로 독립한 후 영토를 확장하기 위해 북이탈리아로 진군했다. 그러나 프랑스군에게 패해 서둘러 확장 정책을 접었다.

국토 대부분이 산지라서 주요 산업이 없었던 스위스는 인구가 늘어나 잉여 노동 인원이 생기자 그들을 용병으로 내보냈다. 용병의 고용 계약은 본국인 스위스 연방이 고용국과 맺는 것이 아니라, 스위스를 구성하는 각 주가 체결했다. 스위스는 용병 산업을 통해 강대한 군사력을 보유하기에 이르렀고, 이로 인해 타국으로부터 침략도 거의 받지 않았다.

스위스 용병의 위력이 널리 알려져 여기저기서 고용되기 시작하자, 적군도 아군도 스위스군인 경우가 생겼다. 스페인 왕위 계승 전쟁에서 국가 단위인 스위스는 중립을 선언했지만, 프랑스·스페인 측에 2만 3천 명, 대불대동맹 측에 2만 명의 스위스 용병이 속해 있었다.

4

근
대

서양 세계와
아시아가 연결되다

18세기부터 19세기까지

유럽

혁명을 거쳐 절대 왕정에서 시민이 주권을 쥔 국민 국가 시대로 옮겨간다. 영국이 중심이 되어 아시아·아프리카를 식민지화한다. 독일과 이탈리아 등도 통일을 이룬 뒤 세계 분할에 참여한다.

서아시아

광대한 영토를 자랑하던 오스만 제국은 영토 내 국가들의 독립과 러시아와 이집트의 압박으로 세력이 축소된다.

동아시아

아편 전쟁, 청일 전쟁으로 실력을 들킨 청나라는 열강에 분할 지배된다. 동남아시아 국가들이 식민지화되는 가운데, 독립을 지킨 일본은 근대화에 성공해 열강의 반열에 오른다.

북아메리카

미국은 독립 전쟁에서 승리하여 영국으로부터 독립한다. 그러나 남북 전쟁과 서부 개척 등 국내의 통일 문제를 수습하는 데 여념이 없어 유럽 국가들보다 한발 늦게 식민지 지배에 뛰어든다.

남아메리카

스페인, 포르투갈의 세력이 약해지면서 식민 지배에 있던 많은 국가가 독립을 이룬다.

근대 시민 혁명과 국민주의 시대

자유와 평등 뒤에 소용돌이치는 각국의 이해

대항해 시대에 은이 유입되면서 봉건제에서 절대 왕정으로 옮겨간 유럽 사회는 시민 혁명이라는 또 다른 사회 변혁을 맞이한다.

　미국은 영국으로부터 독립하기 위해 전쟁을 일으켜 왕정이 아닌 국가를 건국했다. 불완전하게나마 시민의 자유와 평등을 실현한 공화제 국가였다.

　미국 독립 전쟁을 지원한 탓에 재정난에 빠진 프랑스에서는 정부의 힘이 약해졌다. 정부는 과세 강화를 시도했으나, 이 무렵 정치에 참여할 수 있었던 시민들이 거세게 반발하여 프랑스 혁명으로 번졌다. 입헌군주제, 공화제 등 정치 체제가 격변하는 가운데 나폴레옹이 등장해 황제가 되자, 정치와 경제 분야에서 시민의 권리를 인정하는 자유주의가 사회에 뿌리내리기 시작했다.

　그러나 나폴레옹이 몰락한 뒤, 유럽의 모든 국가가 빈에 모여 시민 혁명 이전의 국가로 복귀하자는 회의를 열었다. 이를 통해 유럽의 국제 질서로서 군주정을 정통으로 한 빈 체제가 구축되었지만, 한번 붙은 시민 혁명의 불씨는 쉽사리 꺼지지 않았다. 프랑스는 자국에서 일어난 7월 혁명과 2월 혁명으로 왕정에서 공화정으로 옮겨갔다.

　또 각지 식민지화된 국가들에도 시민 혁명의 영향이 파급되어 그리스와 남미 국가 등이 독립했다. 이들의 독립을 지원한 것은 산업 혁명으로 '세계의 공장'이 된 영국이었다. 거대한 생산력을 갖추게 된 영국은 시장 확보를 목적으로, 빈 체제와 거리를 두고 세계 각지에 독자적인 식민지를 건설하는 등 세력권을 넓혀나갔다. 영국은 남미가 독립하면 자국 상품의 큰 시장으로 삼을 수 있으리라 생각하여 독립을 지원했다. 미국 역시 남북 아메리카에서 유럽의 영향을 배제하기 위해 남미에 대한 유럽의 간섭을 거부했다.

시대의 흐름에 따라 국가의 주권은 왕과 귀족에서 국민으로 옮겨갔지만, 그 배경에는 자유주의 경제의 영향으로 뒤얽힌 각국의 이해관계가 있었다.

35 미국 독립 혁명과 유럽

프랑스에도 파급된 시민 혁명의 물결

식민지였던 미국은 종주국인 영국이 과세를 강화하려고 하자, 이에 반발하여 독립 전쟁을 일으켰다. 이 전쟁에서 미국이 승리하여 독립을 쟁취함으로써 1783년 미합중국이 건국되었다.

　미합중국은 옛 유럽에서 당연시했던 신분제를 부정하고 시민 계급에 주도권을 부여한 근대 최초의 공화제 국가였다. 이러한 점에서 독립 전쟁은 프랑스 혁명보다 앞선 시민 혁명이었다. 이것은 독립 전쟁을 '미국 독립 혁명'이라고도 부르는 이유이기도 하다. 미합중국이 건국되고 '독립 선언문'이 쓰인 것은 개전 이듬해인 1776년이었다. 선언문에는 자유와 평등 등의 기본적 인권과 인민 주권 등이 명기되었다. 그리고 독립을 달성한 이후 1787년에 채택된 '미합중국 헌법'에 삼권 분립까지 포함됨으로써, 향후 세계 각국에서 팽창하는 민주주의 기본 이념이 확립된다.

　1789년에는 조지 워싱턴을 초대 대통령으로 한 연방 정부가 발족된다. 미국 독립 혁명은 유럽에 지대한 영향을 미쳤다. 프랑스 혁명은 미국에서 일어난 시민 혁명의 물결이 대서양을 넘어 유럽에 파급된 결과이기도 하다.

🏛 등장인물 및 세력

프랑스 　지원→　미국　WIN　vs　LOSE　영국

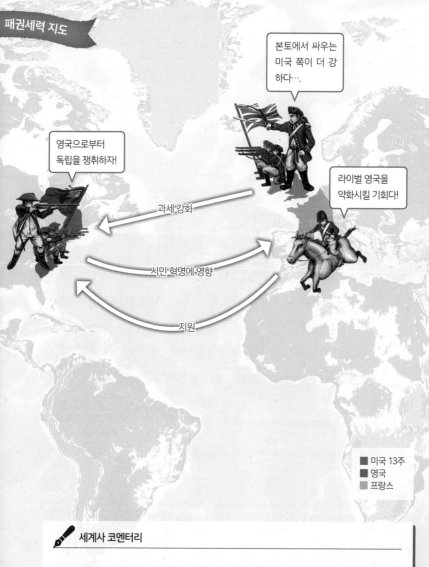

패권세력 지도

> 본토에서 싸우는 미국 쪽이 더 강하다….

> 영국으로부터 독립을 쟁취하자!

> 라이벌 영국을 약화시킬 기회다!

과세 강화

시민 혁명에 영향

지원

■ 미국 13주
■ 영국
■ 프랑스

🖊 세계사 코멘터리

미국 독립의 주역은 초대 외교관인 벤저민 프랭클린이다. 독립 전쟁 중 유럽에 파견된 벤저민 프랭클린은 미국 독립에 대한 지원을 호소하고 다녔다. 여기에 유럽이 호응하면서 영국은 국제적으로 고립되었고 미국은 독립에 성공한다. 이는 7년 전쟁으로 무너진 세력 균형의 회복을 의미했다. 이렇게 유럽은 북미의 13개 식민지를 영국에서 분리했다.

36 프랑스 혁명과 나폴레옹 시대

독립 전쟁의 영향으로 힘을 갖게 된 시민 계급

미국 독립 혁명이 일어났을 때 프랑스는 미국을 돕기 위해 독립 전쟁에 참가했다. 미국은 독립을 이뤘지만, 참전의 여파로 프랑스 정부의 재정은 급격히 악화했다. 1789년부터 평민도 참여한 신분제 의회 삼부회가 열리던 가운데, 절대 왕정에 대한 반발이 커져 바스티유 감옥 습격 사건이 일어났다. 이는 곧 '프랑스 혁명'으로 이어졌고, 혁명 직후 '인권 선언'이 채택되었다. 하지만 푀양파에서 지롱드파, 지롱드파에서 로베스피에르가 이끄는 자코뱅파로 옮겨갈수록 혁명 정권은 점점 더 과격해져 숙청의 피바람이 불었고, 정치는 극도로 어지러워졌다.

왕정을 유지했던 유럽 국가들은 자국에 프랑스 혁명의 물결이 미칠 것을 우려해, 1793년 이후 영국을 중심으로 몇 차례에 걸쳐 '대불대동맹'을 체결했다. 그런 가운데 프랑스의 정치를 장악한 나폴레옹이 1804년에 제위에 오른다. 나폴레옹은 열강의 압력을 밀어내고 혁명의 이념을 전파한다는 명목으로 유럽 전역을 휩쓴 '나폴레옹 전쟁'을 일으킨다. 실제로도 나폴레옹 전쟁은 시민 혁명의 이념을 유럽 각국에 널리 퍼뜨렸다.

🔰 등장인물 및 세력

프랑스 혁명의 영향이 여기까지 미치면 곤란한데…. 다른 나라와 동맹을 맺어 진압하자!

퇴각하는 척하고 눈 쌓인 땅으로 유인하자….

대불대동맹

사르데냐

부르주아의 지배권에 시민 혁명의 이념을 전파하기 위한 전쟁이다!

■ 영국
■ 포르투갈
■ 프랑스(빨간 테두리는 점령지)
■ 스페인
■ 오스트리아
■ 프로이센
■ 러시아

세계사 코멘터리

프랑스는 영국이 주도한 대불대동맹의 포위로 고립된다. 이 위기를 돌파하고 프랑스의 세력을 확장하고자 한 것이 나폴레옹 정권이었다. 전쟁에서 잇따라 승리한 프랑스군은 유럽 대륙 대부분을 장악했다. 또한 나폴레옹은 재산권 보장 등 근대 사회의 원리가 담긴 민법전을 제정하기도 했다. 그러나 러시아 원정 실패로 나폴레옹 시대는 막을 내렸다.

37 빈 체제의 성립과 영국

프랑스 혁명에 대한 거대한 반동

나폴레옹이 1814년에 황제의 자리에서 물러나자, 프랑스 혁명 이래 혼란스러웠던 정세를 수습하기 위해 유럽 각국의 대표가 모여 빈 회의를 개최했다. '회의는 춤춘다. 그러나 진전은 없다'는 유명한 말에 집약되어 있듯이, 각국의 이해관계가 엇갈려 팽팽한 줄다리기를 이어가다가 1815년이 되어서야 '빈 의정서'를 정리했다. 왕정을 유지하면서 자유주의의 등장을 억눌러 프랑스 혁명 이전의 체제로 복귀하자는 데 모두 합의한 것이다. 이를 빈 체제라고 한다. 이를 주도한 사람은 아이러니하게도 프랑스 대표인 샤를 모리스 드 탈레랑 페리고르였다.

도버 해협 건너 영국에서는 18세기 후반부터 증기 기관 등을 활용한 산업 혁명이 시작되었다. 이에 따라 영국은 세계 제일의 공업국으로 발돋움했다. 그뿐 아니라 18세기부터 오스트레일리아와 뉴질랜드를 식민지화했으며, 19세기 후반에는 미국과 독일 등의 경제적 발전에 대항하기 위해 제국주의 정책을 펼쳐 빅토리아 여왕(1837~1901) 치세 아래 식민지를 확대했다. 1877년에는 인도를 식민지로 삼아 광대한 판도를 자랑하는 대제국이 된다.

🛡 등장인물 및 세력

영국   유럽 국가

산업 혁명도 시작됐
겠다, 우린 무역으
로 큰돈을 벌거야!

캐나다로

시민 혁명도 수습되었
으니, 이제 다 함께 왕
정으로 돌아갑시다.

수에즈 운하도 우
리가 차지해야지!

이집트

인도

오만

케냐

나이지리아

오스트레일리아로

남아프리카

■ 영국령

세계사 코멘터리

유럽 각국은 빈 회의를 통해 나폴레옹 몰락 후의 유럽 세계를 재정비하고자 했다. 이때 서
유럽의 정통주의(군주정)와 세력 균형론에 입각한 영토 조정이 이뤄졌다. 그러나 이 무렵 라
틴아메리카와 그리스에서 독립운동이 진전되자, 영국은 이를 지지하며 빈 체제에 대항한
다. 국제 사회에 자유 무역주의를 확산하기 위함이었다.

38 라틴아메리카 국가들의 독립

고립주의를 강화하는 미국

미국 독립 혁명, 그리고 프랑스 혁명과 나폴레옹 대두의 영향은 유럽에만 한정되지 않았다. 라틴아메리카에 수많은 식민지를 갖고 있던 스페인이 1808년 프랑스군에게 점령당하고, 포르투갈 역시 프랑스로부터 공격받아 두 국가의 세력이 약해지면서 남미에서는 독립의 기운이 퍼져나갔다. 이미 1804년에 독립한 아이티를 필두로 중남미 국가 대부분이 19세기 전반에 독립을 이뤘다.

빈 회의를 거쳐 부활한 스페인은 라틴아메리카를 다시 지배하려 했다. 그러나 그 움직임을 경계한 영국 외상 조지 캐닝이 라틴아메리카 국가들의 독립을 지지하며 미합중국에 공동 성명을 호소했다. 미합중국은 영국의 간섭도 원치 않았고, 이에 1823년 제5대 대통령 먼로가 '먼로 교서'를 발표한다. 유럽 국가들의 간섭을 거부하고 라틴아메리카 국가들의 독립을 인정함과 동시에, 미합중국의 외교적 독립을 선언한 것이다. 영국의 캐닝은 스페인의 영향을 배제하여 라틴아메리카를 자국 시장으로 끌어들이기 위해, 이 교서를 받아들였다.

등장인물 및 세력

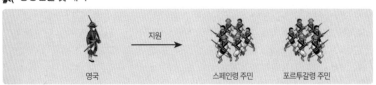

영국　　지원 →　　스페인령 주민　　포르투갈령 주민

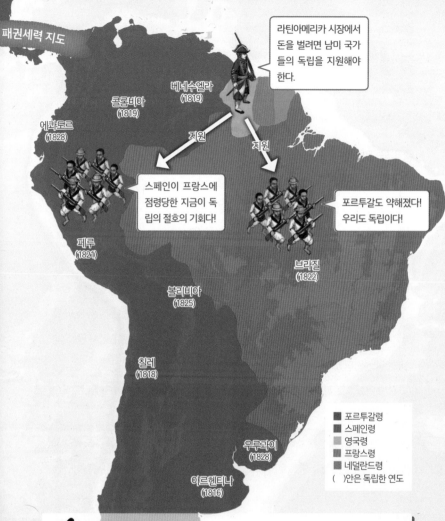

패권세력 지도

> 라틴아메리카 시장에서 돈을 벌려면 남미 국가들의 독립을 지원해야 한다.

콜롬비아 (1819)

베네수엘라 (1819)

에콰도르 (1828)

지원

지원

> 스페인이 프랑스에 점령당한 지금이 독립의 절호의 기회다!

> 포르투갈도 약해졌다! 우리도 독립이다!

페루 (1821)

브라질 (1822)

볼리비아 (1825)

칠레 (1818)

우루과이 (1828)

아르헨티나 (1816)

■ 포르투갈령
■ 스페인령
■ 영국령
■ 프랑스령
■ 네덜란드령
( )안은 독립한 연도

 세계사 코멘터리

라틴아메리카의 독립은 크리오요(중남미 태생의 백인)가 주도했으며, 그 기반에는 자본가들의 지원이 있었다. 무엇보다 영국이 캐닝 외교를 전개하고 미국이 먼로주의(교서)를 발표하여 독립을 지지한 것이 성공의 열쇠였다. 영국은 지주들에게 자금을 제공하면서 세계적으로 수요가 높은 커피 재배에 열을 올렸다. 그렇기 때문에 라틴아메리카에 대한 스페인의 지배를 끊어낼 필요가 있었다.

종말을 고한 빈 체제

빈 체제가 성립하자 프랑스에서는 부르봉 왕조가 부활했다. 하지만 국민 주권을 중시한 자유주의 물결은 이미 유럽 전역으로 번져 걷잡을 수 없었다.

프랑스에서는 1830년에 일어난 '7월 혁명'으로 국왕 샤를 10세가 퇴위하여 부르봉 왕조가 무너지고, 루이 필리프를 새로운 왕으로 앉힌 입헌군주제(왕이 절대적이지 않으며 헌법이 왕의 권력을 제한하는 체제)로 옮겨간다. 그러나 루이 필리프가 은행가와 자산가를 옹호하며 일반 민중에게는 참정권을 부여하지 않았기 때문에 민중의 불만은 갈수록 높아졌다. 결국 1848년에 '2월 혁명'이 일어나 루이 필리프는 영국으로 망명했다. 다시 공화정(제2공화정)이 성립되었고 나폴레옹 3세가 대통령이 된다.

7월 혁명과 2월 혁명은 유럽 각국에 큰 영향을 미쳐 벨기에와 폴란드에서도 독립운동이 일어났다. 아직 소국으로 나뉘어 있던 이탈리아와 독일에서도 입헌제에 바탕을 둔 통일 국가를 요구하는 목소리가 높아졌다. 오스트리아에서는 빈 회의를 주도했던 재상 메테르니히가 '빈 3월 혁명'으로 실각하고 만다. 빈 체제 종말을 상징하는 사건이었다.

🛡 등장인물 및 세력

프랑스　　　이탈리아　　　벨기에　　　독일

우리도
독립이다!

국내를
통일하자!

우리도 통일을
이뤄야 한다!

다시는 왕정 체제로
돌아가지 않겠다!

- ■ 영국
- ■ 프랑스
- ■ 프로이센(테두리는 군소국)
- ■ 네덜란드
- ■ 러시아
- ■ 벨기에
- ■ 오스트리아

✏️ 세계사 코멘터리

7월 혁명으로 흔들리기 시작한 빈 체제는 2월 혁명으로 완전히 무너졌다. 산업 혁명 시대
가 되자 노동자의 성장이 두드러졌다. 노동자가 2월 혁명을 성공적으로 이끈 주역이었다.
또 그리스와 벨기에의 독립, 슬라브인의 민족 운동, 영국의 차티스트 운동, 프랑스 제2공화
정의 성립 등 자유주의·국민주의의 거센 물결이 혁명에 힘을 불어넣었다.

40 그리스 독립 전쟁과 동방문제

오스만 제국의 쇠퇴와 러시아의 야망

7월 혁명의 여파로 각국에서 민중이 봉기하기 전인 1821~1829년, 그리스는 독립 전쟁에서 승리하여 오스만 제국으로부터 독립을 쟁취한다. 여기에는 영국과 러시아가 개입한 탓도 있었지만, 18세기 이후 오스만 제국이 쇠퇴하기 시작한 영향도 있었다.

그리고 오스만 제국의 세력이 약해진 틈을 타 러시아가 남하를 꾀했다. 러시아는 표트르 1세(1682~1725) 시대에 강대국으로 성장했으나, 혹독한 추위 때문에 겨울이면 영내의 모든 항구가 얼어붙어 군함 운행은커녕 선박 무역도 거의 불가능했다. '부동항'이 절실했던 러시아가 눈여겨본 지역이 오스만 제국이었다.

18세기 후반부터 러시아는 오스만 제국에 간섭하기 시작한다. 오스만 제국으로 쳐들어가 흑해 연안의 영토를 빼앗았을 뿐 아니라, 지중해로 통하는 보스포루스 해협과 다르다넬스 해협까지 손에 넣으려고 했다. 이러한 러시아의 남하 정책은 유럽 각국에 큰 위협으로 다가왔다. '동방문제'라 불리는, 러시아와 영국 등 유럽 국가들의 영토 지배권 분쟁은 이후에도 거듭 발생한다.

🏛 등장인물 및 세력

러시아 *vs* 오스만 제국

패권세력 지도

먼 바다로 나가기 위해서는 지중해로 통하는 저 2개의 해협을 차지해야 한다!

크림반도

흑해

보스포루스 해협

발칸반도

다르다넬스 해협

그리스 독립으로 발칸반도의 영토가 줄어들었고, 러시아도 남하해 온다….

■ 러시아
■ 오스만 제국
■ 그리스

✏ **세계사 코멘터리**

그리스가 오스만 제국으로부터 독립을 쟁취한 것은 이른바 국민주의의 승리였다. 하지만 여기에는 영·불·러의 이해관계가 얽혀 있었다. 그리스가 독립하면 오스만 제국은 지중해 북동 해안에서 물러나게 된다. 그러면 유럽과 아시아를 잇는 지중해 항로에 눈독을 들이던 영·불·러에 유리한 환경이 조성되는 것이다. 이로 인해 동방문제가 일어나게 되었다.

41 이집트·터키 전쟁

쇠퇴 일로를 걷는 오스만 제국

러시아의 강대화로 발생한 동방문제는 오스만 제국의 급속한 쇠퇴로 가속화되었다.

오스만 제국은 과거 나폴레옹에게 빼앗긴 이집트를 탈환하는 데 성공한다. 이때 공적을 쌓은 용병 대장 무함마드 알리가 이집트 총독으로 취임하여 이집트의 실권을 장악한다. 무함마드 알리는 그리스 독립 전쟁에서도 오스만 제국 편에서 싸워 전공을 세웠다. 그는 포상으로 크레타섬과 키프로스섬을 얻은 데 그치지 않고 시리아의 지배권까지 요구했는데, 이를 거절한 오스만 제국과 1831년부터 2년에 걸쳐 싸운다. 이것이 제1차 이집트·터키 전쟁이다.

오스만 제국은 러시아로부터 지원을 받았으나, 러시아의 남하를 경계한 영국과 프랑스의 간섭으로 시리아와 북아프리카의 행정권을 알리에게 넘겨준다. 그러나 알리의 세력이 커질 것을 우려한 영국은 제2차 이집트·터키 전쟁(1839~1840) 때 입장을 바꿔 러시아와 함께 오스만 제국을 지원한다. 이집트는 대패하여 시리아 등을 반환했지만, 결국 두 번의 전쟁을 거치면서 독립을 달성했다. 이로 인해 오스만 제국의 판도는 더욱 축소되었다.

🏛 등장인물 및 세력

이집트 WIN vs LOSE 오스만 ← 지원 러시아 영국

패권세력 지도

해협을 차지하려면 일단 오스만 제국으로 가야 한다!

지원

오스만 제국을 위해 싸웠으니 시리아를 넘겨라!

요구

시리아

이집트를 쳐부수자!

처음에는 지원했으나…

이집트의 세력이 커질 것을 우려해 나중에 지원

정세에 따라 어느 쪽을 지원할지 정해야지….

흑해

지중해

홍해

■ 오스만 제국
■ 이집트(오스만 제국령)

✎ 세계사 코멘터리

두 차례에 걸친 이집트·터키 전쟁에는 동방문제가 얽혀 있었기 때문에 유럽 국가들은 각자 다른 태도를 보였다. 제1차 전쟁에서는 러시아가 지중해에 대한 항행권을 얻기 위해 터키 (오스만 제국)를 지원했다. 반면 영국과 프랑스는 그리스 독립 전쟁 때와 마찬가지로 터키의 세력을 약화하기 위해 이집트를 지원했다. 제2차 전쟁에서는 이집트가 너무 강대해지는 것을 경계한 영국이 터키 측에서 싸웠다.

서구 세계와 아시아·아프리카의 만남

유럽의 주역 교체와 열강들의 세계 분할

대항해 시대의 선구자인 포르투갈과 스페인은 발 빠르게 식민지를 획득하는 데 성공했지만, 이를 자국의 번영으로 연결하지 못한 채 쇠퇴해갔다. 한편 식민지에서 얻은 부를 기반으로 산업 혁명을 일으킨 영국은 신무기와 증기선 등의 기술을 개발했다. 영국은 국력을 증강함과 동시에 식민지를 더욱 확대하여 근대라는 시대의 주역으로 도약했다. 영국의 지배 영역은 아시아·아프리카에까지 이르렀고, 이로써 전 세계가 서구 열강의 분할 대상이 되었다.

'잠자는 사자'라 불리며 경계 대상이 되어 왔던 청나라는 아편 전쟁에 맥없이 패하여 영국에 홍콩을 할양한다. 청나라의 무력함이 세상에 드러나자, 기회를 엿보던 프랑스와 미국도 청나라와 불평등 조약을 맺었다.

동남아시아 국가들 역시 열강의 식민지가 되었다. 인도·말레이·버마(지금의 미얀마)는 영국, 인도네시아는 네덜란드, 베트남·라오스·캄보디아는 프랑스의 식민지로 전락했다. 그런 가운데 일본은 개국을 해 서구 열강의 식민지가 아니라 하나의 국가로서 독립을 유지했다. 거기에 청일 전쟁에서 승리하여 영토 일부를 할양받아 열강의 반열에 올랐다.

아프리카 대륙도 분할 대상이 되어 거의 전 대륙이 유럽 열강들의 색으로 칠해졌다.

그 과정에서 식민지 쟁탈전 등이 일어나기도 했다.

유럽 본토에서는 복잡한 세력 균형 아래 독립과 통일을 실현하는 국가가 속출했다. 오스만 제국의 세력을 꺾고 부동항을 손에 넣으려는 러시아의 지원으로, 불가리아와 루마니아 등 동유럽 국가들이 오스만 제국으로부터 독립했다. 소국으로 나뉘어 있던 이탈리아와 독일도 강력한 지도자 아래 통일을 달성했다. 이로써 근대 유럽의 주역이 되는 국가들이 모두 갖춰졌다.

미국은 남북 전쟁, 서부 개척 등 국내 통일에 여념이 없어 유럽 국가들보다 식민지 획득에 소극적이었다. 쇠약해진 스페인의 식민지 쿠바를 보호국으로 삼고, 필리핀을 획득하는 데 그쳤다.

이전까지 국지적으로 이뤄졌던 영토 분할은 막대한 자본력을 갖춘 서구 열강들에 의해 전 세계로 확대되었다.

42 아편 전쟁과 애로호 사건

열강의 희생양이 된 청나라

오스만 제국의 힘이 약해지던 시기에 중국의 청 왕조도 쇠퇴의 길을 걷고 있었다.

18세기 후반 이후, 청나라로부터 차를 수입한 영국은 자국의 면제품을 인도로 수출한 뒤 인도에서 다시 청나라로 아편을 밀수출했다. 삼각 무역이라고 불리는 이 무역으로 영국은 막대한 이익을 얻었다. 하지만 청나라에서는 아편 중독이 심각한 사회문제로 떠올라, 아편의 수입을 금지하고 단속을 강행했다. 그러나 1840년 청 정부가 광저우의 영국 상관을 수색하자 이에 화가 난 영국이 전쟁을 개시했고, 청나라는 이 아편 전쟁에서 완패해 영국에 홍콩섬을 할양했을 뿐 아니라 미국·프랑스와도 불평등 조약을 체결하게 되었다.

게다가 1856년에는 영국 상선인 척 가장한 해적선 '애로호'가 청나라 수군에게 검문 당한 사건을 빌미로 영국과 프랑스가 청나라를 공격했다. 애로호 사건으로 청나라는 톈진을 비롯해 11개 항구를 개항하고 주룽반도 남부를 빼앗겼다. 또 전쟁을 중재한 러시아에도 연해주를 할양했다. 두 차례의 전쟁을 거쳐 청나라는 열강에 의해 반식민지 상태가 되고 말았다.

🦁 등장인물 및 세력

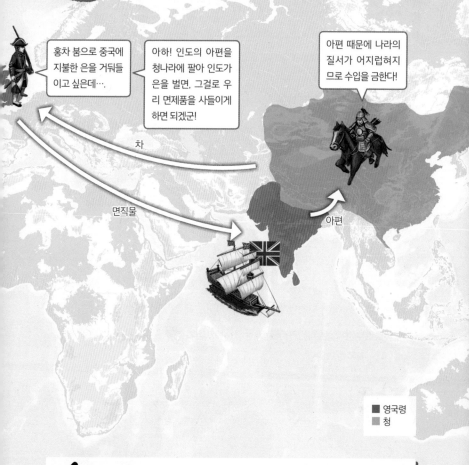

홍차 붐으로 중국에 지불한 은을 거둬들이고 싶은데….

아하! 인도의 아편을 청나라에 팔아 인도가 은을 벌면, 그걸로 우리 면제품을 사들이게 하면 되겠군!

아편 때문에 나라의 질서가 어지럽혀지므로 수입을 금한다!

차

면직물

아편

■ 영국령
■ 청

세계사 코멘터리

아편 수입액이 일반 상품의 수입 총액을 넘어서자, 청 왕조는 아편 무역을 공인하려고도 했다. 이를 직전에 뒤집은 인물이 임칙서였다. 그러나 아편 전쟁이 일어나 더 이상 자유 무역주의 흐름을 막을 수 없게 되었고, 애로호 사건 후에는 11개 도시가 개항한다. 중국 내부에서도 중국이 세계의 중심이라는 '중화사상'이 무너지고 근대화를 모색하는 움직임이 나타나기 시작했다.

43 크림 전쟁과 러시아·터키 전쟁

끊임없이 흑해 쪽으로 남하를 노리는 러시아

두 번에 걸친 이집트·터키 전쟁 이후로도 오스만 제국은 계속해서 쇠퇴해갔다.

보스포루스 해협과 다르다넬스 해협을 노리는 러시아와 오스만 제국 사이에서 1853년에 크림 전쟁이 시작되자, 영국과 프랑스가 오스만 제국 측에 참전해 러시아를 물리친다. 그러나 전쟁에 든 막대한 비용 때문에 오스만 제국의 재정은 완전히 파탄에 이르게 된다.

벼랑 끝에 몰린 오스만 제국은 아시아 최초의 헌법인 '미드하트 헌법'을 제정하고 의회를 발족하는 등 대대적인 개혁을 추진했다. 하지만 1877년 다시 침략한 러시아와의 전쟁(러시아·터키 전쟁)에서 참패했다. 그 결과 루마니아, 세르비아, 몬테네그로, 3국이 오스만 제국으로부터 독립한다. 1908년에는 러시아·터키 전쟁으로 폐기되었던 미드하트 헌법을 부활시킨 '청년 튀르크당 혁명'이 발발해 입헌 정치를 확립한다.

🏛 등장인물 및 세력

러시아 vs 오스만 제국 ← 지원 영국 프랑스

패권세력 지도

지원

1878년 독립

1909년 독립

흑해

보스포루스
해협

다르다넬스
해협

지중해

지원

지원

영국과 프랑스 때문에 성
가시게 됐어…. 그렇지,
동유럽의 독립을 지원하
면 오스만 제국 세력을 꺾
을 수 있겠군!

계속되는 전쟁으로 금
고도 바닥났고, 영토
마저 줄어들었다….

우리가 너희를 지원
해줄 테니, 절대로 러
시아에 지면 안 돼!

■ 러시아
■ 오스만 제국
■ 그리스
■ 루마니아
■ 불가리아
■ 세르비아

✎ 세계사 코멘터리
───────────────────

크림 전쟁과 러시아·터키 전쟁의 배경에는 러시아의 남하 정책이 있었다. 남하 정책은 군
사·경제 거점으로서 부동항 확보를 꿈꾸는 러시아의 백년지계였다. 이 정책이 유럽 국가
들의 대외 정책을 자극해 동방문제를 야기함으로써 긴장이 고조되었다. 크림 전쟁과 러시
아·터키 전쟁을 통해 흑해와 발칸반도에서 지중해로 진출하려고 했던 러시아는, 영국이 주
도한 전쟁과 외교에 가로막혀 뜻을 이루지 못했다.

44 세포이 항쟁과 인도 식민지의 성립

서서히 일어서는 인도

영국은 청나라에 간섭하는 한편 인도에 대한 지배를 굳혀나갔다. 1600년에 설립된 '동인도 회사'는 원래 이름 그대로 무역 회사였으나, 무굴 제국을 무력화하면서 19세기에는 인도를 지배·통치하는 기관으로 자리 잡았다. 동인도 회사는 인도의 세제와 토지 제도를 영국에 유리하게 제정했을 뿐만 아니라, 삼각 무역으로 영국 면제품을 인도로 대거 수출함으로써 인도의 전통적인 면직물 공업을 파괴했다. 이러한 상황에서 인도인의 불만은 갈수록 높아졌다.

1857년 동인도 회사가 고용한 인도인 용병 '세포이'들이 반란을 일으켰다. '세포이 항쟁'은 2년에 걸쳐 인도 전역으로 번졌다. 이 사건을 계기로 동인도 회사는 해산되고 영국이 인도를 직접 통치하게 된다. 1877년에는 빅토리아 여왕이 인도의 황제를 겸하면서 '인도 제국'이 성립되었다(1858년 무굴 황제가 추방되어 무굴 제국은 멸망). 이때 인도인의 목소리를 듣는 장으로 '인도 국민 회의'가 설치되었지만, 사실상 인도 제국은 영국의 완전한 식민지가 되었다.

🛡 등장인물 및 세력

영국　　　　　　　　　　　　　인도

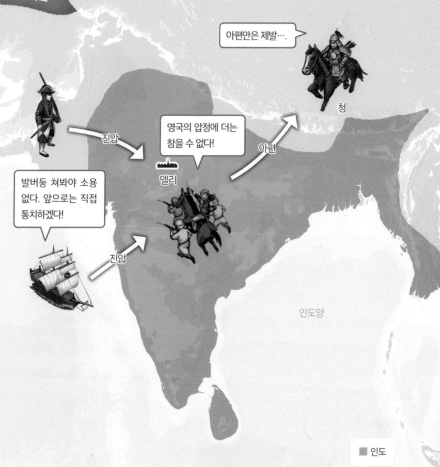

아편만은 제발…

청

영국의 압정에 더는 참을 수 없다!

진압

델리

아편

발버둥 쳐봐야 소용 없다. 앞으로는 직접 통치하겠다!

진압

인도양

■ 인도

🖊 세계사 코멘터리

영국 동인도 회사의 용병 세포이가 일으킨 항쟁은 반영 운동의 도화선이 되었다. 동인도 회사는 인도의 근대화를 추진했으나, 개혁에는 고통이 뒤따랐다. 개혁의 여파로 서민들의 생활이 더욱 피폐해지자 '반영' 감정은 한층 더 고조되었다. 빅토리아 여왕을 황제로 옹립한 인도 제국의 성립은 식민지 체제의 완성을 의미했다.

45 이탈리아 통일 전쟁과 영토 병합

마침내 이탈리아를 장악한 사르데냐 왕국

프랑스 7월 혁명·2월 혁명의 영향으로 오랫동안 소국으로 나뉘어 있던 이탈리아에서 통일의 기운이 퍼져나갔다.

1831년에 중부 이탈리아에서 일어난 혁명과 1848년에 사르데냐 왕국을 중심으로 일어난 이탈리아 독립 혁명, 1849년에 선포된 로마 공화국의 성립 등은 오스트리아와 프랑스에 의해 모두 수포로 돌아갔다. 그런 가운데 힘을 키워온 사르데냐 왕국이 1859년 프랑스의 지원을 받아 북이탈리아 일부를 지배하던 오스트리아를 무찌르고 롬바르디아 병합에 성공한다. 이를 '이탈리아 통일 전쟁'이라 부르지만, 이때는 프랑스가 오스트리아와 동맹을 맺고 갑자기 발을 뺀 탓에 롬바르디아를 획득하는 데 그쳐야 했다.

그 후 사르데냐 왕국은 프랑스에 사부아와 니스를 넘겨주고 중부 이탈리아를 병합한다. 거기에 의용군 '붉은 셔츠단'을 이끌고 양 시칠리아 왕국을 무너뜨린 주세페 가리발디에게 영토를 헌납받는다. 1861년에는 비토리오 에마누엘레 2세를 왕으로 한 이탈리아 왕국을 수립했다. 나아가 오스트리아가 지배하던 베네치아와 로마 교황령까지 병합함으로써, 일부 지역을 제외한 이탈리아 전토를 통일했다.

🛡 등장인물 및 세력

가리발디　　　　vs　　　　오스트리아

패권세력 지도

우리가 프랑스와 동맹을 맺어버리면 저들도 더 이상 들고일어나지 않겠지…

1859년 병합
롬바르디아 지방

베네치아 지방

프랑스가 동맹을 깨뜨리더라도 나는 이탈리아를 통일할 것이다!

1870년 병합

1866년 병합

로마

나폴리

■ 양 시칠리아 왕국
■ 로마 교황령
■ 토스카나
■ 오스트리아령
■ 사르데냐
■ 파르마

✏ 세계사 코멘터리
_____

이탈리아 통일 전쟁은 사르데냐 재상인 카보우르의 주도면밀한 계획으로 이뤄졌다. 카보우르는 우선 크림 전쟁에 참전하여 영국과 프랑스의 신뢰를 얻었고, 프랑스 황제 나폴레옹 3세에게 접근하여 통일 전쟁의 밀약을 교환한 뒤 북이탈리아를 병합했다. 그 후 중부 이탈리아, 남이탈리아 병합 때는 현지에서 주민 투표를 시행해 주민들을 통일 운동에 참여시켰다.

46 독일 통일과 비스마르크의 정치

철혈 재상, 오직 힘에 의한 독일 통일을 말하다

이탈리아와 마찬가지로 오랫동안 소국으로 나뉘어 있던 독일에서도 통일의 움직임이 나타났다. 독일의 통일을 주도한 세력은 프로이센·프랑스 전쟁(1870~1871)에서 프랑스 군을 무찌르고 파리를 포위하여 알자스와 로렌을 넘겨받은 프로이센 왕국이었다.

1862년에 프로이센 왕국의 수상으로 임명된 비스마르크는 1867년 프로이센을 중심으로 한 북독일 연방을 발 빠르게 결성했다. 그 후 프로이센이 파리를 포위하고 있던 1871년에는 22개 군주국과 3개의 자유시를 정리하고, 프로이센 왕국의 빌헬름 1세를 황제로 옹립해 연방제 국가 독일 제국을 세운다. '철과 피에 의한 통일'을 주장하며 독일 통일을 위해 군사력을 착실히 증강함으로써, 새로운 강국의 탄생에 반대하던 오스트리아와 프랑스를 쳐부수고 막강한 힘으로 독일을 통합한 것이다.

독일 제국의 재상이 된 비스마르크는 의회를 제압하여 독재에 가까운 체제를 약 20년 이나 지속시키는 한편, 법률 정비와 산업 진흥에 힘써 독일 제국의 근대화에 커다란 역할을 한다.

🛡 **등장인물 및 세력**

프랑스(나폴레옹 3세)   독일(비스마르크)

덴마크의 일부 지역과
바이에른 왕국을 병합
하여 거대해졌다!

덴마크

생산력이 높은 지역인 알자
스·로렌을 빼앗겼다···.

바이에른

■ 독일 제국
■ 알자스·로렌 지역
■ 프랑스

🖊 세계사 코멘터리

프로이센의 재상 비스마르크는 '철과 피의 정책(=무기와 병력)'이 독일 통일의 열쇠라고 주장
했다. 이와 동시에 교묘한 외교술로 자국에 유리한 환경을 만들었다. 그는 프로이센·오스
트리아 전쟁에서 이탈리아의 베네치아 점령을, 프로이센·프랑스 전쟁에서 이탈리아의 로
마 병합을 지지함으로써 이탈리아와 한시적 동맹을 맺었다. 통일 후에는 프랑스를 고립시
키는 외교 정책을 펼치는 한편, 국제적인 정치가로서도 높이 평가받았다.

47 미국의 남북 전쟁 시대

다시 통일된 미합중국의 세력 강화

면화와 담배가 주요 산업이었던 미합중국의 남부에서는 흑인 노예를 혹사하는 대농장 (플랜테이션)이 발달했지만, 공업이 발달한 북부에서는 19세기 초반부터 노예 해방 운동이 시작되었다. 남부와 북부는 새로 개척한 서부에서 노예제를 인정할 것인가를 두고 대립했다. 1860년 노예제에 반대하는 에이브러햄 링컨이 제16대 대통령으로 당선되자 남부 11주는 미합중국을 떠나 아메리카 연합을 결성한다. 이듬해인 1861년 남부와 북부 사이에 '남북 전쟁'이 발발했다. 이 전쟁은 1865년에 북부의 승리로 막을 내렸고 노예제는 폐지되었다.

1870년대에 이르러 미국의 공업 생산액은 세계 1위를 차지한다. 하지만 서부 개척이 '프런티어 소멸'로 끝나면서 미국은 영토 확대의 야심을 노골적으로 드러내기 시작했다. 제25대 대통령인 윌리엄 매킨리는 제국주의를 추진했고, 뒤이어 제26대 대통령이 된 시어도어 루스벨트는 카리브해 국가들에 대해 군사력을 과시하여 영향력을 발휘했다. 파나마로부터 파나마 운하의 권익을 교묘하게 빼앗은 루스벨트의 대외 정책은 각국으로부터 '몽둥이 외교'라는 별칭을 얻었다.

🛡️ 등장인물 및 세력

미합중국   아메리카 연합

우리가 만든 공업품을 살 사람의 수를 늘려야 한다! 흑인 노예를 해방하라!

1865년 승리하여 미국 통일

면화 농업이 중심인데 노예가 없으면 싸게 생산할 수 없다!

■ 미합중국(북부)
■ 미합중국에 속한 노예주
■ 아메리카 연합(남부)

🖌 세계사 코멘터리

19세기, 미국의 영토가 확대되자 노예제의 옳고 그름을 둘러싼 남부와 북부의 대립이 깊어졌다. 이러한 대립은 각각이 추구하는 사회·경제 발전의 방향성이 다른 데서 비롯되었다. 북부는 공업 경제·보호 무역·노예제 폐지를, 남부는 면화 플랜테이션 경제·자유 무역·노예제 유지를 지향했다. 링컨의 대통령 당선을 계기로 남북은 전쟁에 돌입했다.

48 동남아 식민지화와 메이지 유신

개혁을 단행한 새로운 일본

청나라가 열강에 압박받던 시기, 동남아시아 국가들은 차례차례 식민지화되어 갔다. 버마와 말레이반도는 영국, 인도차이나(지금의 베트남, 라오스, 캄보디아)는 프랑스, 인도네시아는 네덜란드(네덜란드령 동인도)가 지배했다. 통일을 이룬 독일 제국도 태평양으로 진출하여 파푸아뉴기니 북부를 식민지화했다. 그리하여 동남아시아에서 독립을 유지한 나라는 시암(지금의 태국)뿐인 형국이 되었다.

그런 가운데 200년 이상 쇄국을 유지하던 일본이 미국을 비롯한 열강의 압박에 못 이겨 1854년에 미일 화친 조약, 1858년에 미일 수호 통상 조약을 맺었다. 이는 일본에 매우 불평등한 조약이었다.

열강에 굴복한 막부의 위신이 저하되면서 천황이 일본을 다스려야 한다는 존왕파 세력이 강해져 일본 국내는 혼란에 휩싸였다. 결국은 에도 시대가 종결되고 1868년에 메이지 시대가 시작되었다. 아시아 국가들이 식민지화되는 상황 속에서 일본은 '메이지 유신'을 통해 국력 강화에 힘썼다. 메이지 정부는 부국강병·식산흥업을 주창했고 일본은 공업국으로서 발전해갔다.

🐎 등장인물 및 세력

프랑스   영국   네덜란드   미국   일본

일본

서구의 먹잇감이 되지 않으려면 단결하여 근대화해야 한다!

청불 전쟁(1884): 프랑스가 베트남 종주권을 주장하는 청나라를 격퇴.

프랑스령 인도차이나

프랑스·베트남 전쟁(1858): 크리스트교 선교사가 살해된 사건을 계기로 베트남을 지배.

미국령 필리핀

필리핀·미국 전쟁(1899): 약체화한 스페인의 영토를 미국이 점령.

영국령 말레이

네덜란드령 동인도

자바 전쟁(1825): 현지에서 일어난 반란을 진압하고 강제 재배 제도를 개시.

프랑스령
네덜란드령
미국령
영국령
일본

세계사 코멘터리

자유 무역주의가 진전되는 가운데 동남아시아는 처음에 중국 시장으로 나아가는 통로로 주목받았다. 그 후 네덜란드가 자바섬에서 커피 강제 재배 제도를 시작하면서 동남아시아는 거대한 플랜테이션 경영의 장으로 전락해 식민지화되었다. 일본은 이를 자국의 위기로 받아들였고, 그리하여 '양이'를 버리고 메이지 유신으로 근대화에 박차를 가했다.

49 청일 전쟁과 열강의 중국 분할

드러나는 청나라의 무력함

아편 전쟁과 애로호 사건으로 비참한 패배를 맛본 청나라에서는 근대화를 요구하는 목
소리가 높아졌지만(양무운동), 기득권 이득을 지키려는 수구파의 반발이 심해 개혁은 진
행되지 않았다. 게다가 청불 전쟁(1884~1885)으로 베트남을 빼앗긴다.

조선에서도 주도권을 잡아가며 영향력을 강화하려는 청나라와 조선을 지원한다는 구
실을 내세운 일본 사이에서 1894년 청일 전쟁이 시작된다. 메이지 유신 이래 부국강병
에 힘써온 신흥국 일본은 청나라 군사를 제압하고 랴오둥반도를 점령했다. 전쟁이 일본
의 압승으로 끝나면서, 일본은 높은 배상금과 함께 랴오둥반도와 타이완을 획득한다. 조
선도 일본의 영향 아래 놓였다.

일본에 패한 청나라는 기회를 엿보고 있던 열강의 먹잇감이 된다. 일본이 러시아, 프랑
스, 독일의 압력(삼국 간섭)으로 랴오둥반도를 돌려주자, 러시아는 랴오둥반도 남부를 '조
차'라는 명목으로 지배한 뒤 동청 철도의 부설권을 획득한다. 프랑스는 광저우만을 조차
하고, 독일은 자오저우만을 조차하고, 이를 틈타 영국도 웨이하이와 주룽반도 북부를 조
차했다. 이렇듯 청나라의 절반이 열강에 의해 식민지화되었다.

🦇 등장인물 및 세력

WIN *vs* LOSE

일본   청나라

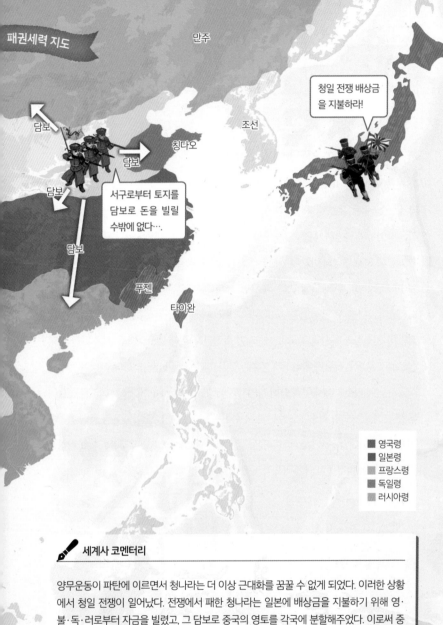

패권세력 지도

만주

조선

칭다오

푸젠

타이완

청일 전쟁 배상금을 지불하라!

서구로부터 토지를 담보로 돈을 빌릴 수밖에 없다…

담보
담보
담보
담보

■ 영국령
■ 일본령
■ 프랑스령
■ 독일령
■ 러시아령

🖊 세계사 코멘터리
_____

양무운동이 파탄에 이르면서 청나라는 더 이상 근대화를 꿈꿀 수 없게 되었다. 이러한 상황에서 청일 전쟁이 일어났다. 전쟁에서 패한 청나라는 일본에 배상금을 지불하기 위해 영·불·독·러로부터 자금을 빌렸고, 그 담보로 중국의 영토를 각국에 분할해주었다. 이로써 중국은 반식민지화되었다.

50 아프리카 세력 분할과 베를린 회의

사람의 손길이 닿지 않은 보물창고, 아프리카

15세기 중반부터 18세기 중반 무렵까지 아프리카 대륙에는 여러 부족의 왕국이 있었다. 이 왕국들은 유럽 각국의 노예 공급지였으며 무역 상대이기도 했다. 열강의 제국주의 정책이 추진되면서 유럽 국가들은 아프리카의 풍부한 자원을 노리기 시작한다. 19세기 후반이 되자 열강의 아프리카 분할이 진행되었고 각국의 이해가 서로 충돌했다.

이를 조정하기 위해 독일 총리 비스마르크의 중개로 '베를린 회의(1884~1885)'가 개최되었다. 여기에서 먼저 점령한 나라가 그 토지를 영유할 권리를 행사할 수 있다는 '선점권'이 인정됨과 동시에 각국의 식민지가 확정된다. 이때 아프리카의 많은 나라가 직선으로 그은 국경선으로 무리하게 분할된 탓에 여러 부족이 분단되었다. 게다가 하나의 식민지 안에 복수의 부족이 대립해 식민지 지배에 저항하는 세력이 크기 어려운 상황이 되었다. 베를린 회의 이후에도 수단과 모로코 등지에서 영국, 프랑스, 독일 등이 충돌을 거듭했다. 이 대립은 제1차 세계대전을 암시하는 복선이기도 했다. 20세기 초 라이베리아와 에티오피아를 제외한 아프리카 전 지역은 식민지화되고 말았다.

🏛 등장인물 및 세력

| 프랑스 | 영국 | 벨기에 |

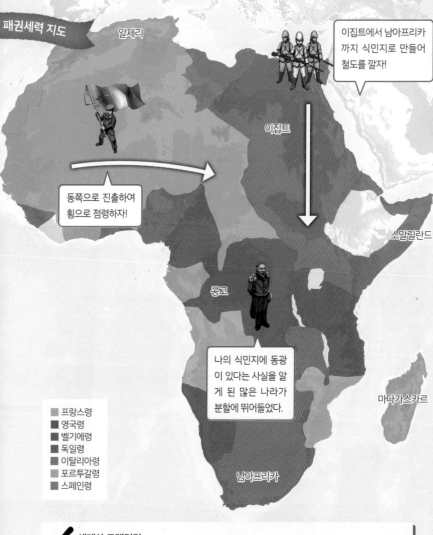

패권세력 지도

알제리

이집트에서 남아프리카까지 식민지로 만들어 철도를 깔자!

이집트

동쪽으로 진출하여 횡으로 점령하자!

소말릴란드

콩고

나의 식민지에 동광이 있다는 사실을 알게 된 많은 나라가 분할에 뛰어들었다.

마다가스카르

- ■ 프랑스령
- ■ 영국령
- ■ 벨기에령
- ■ 독일령
- ■ 이탈리아령
- ■ 포르투갈령
- ■ 스페인령

남아프리카

✏️ 세계사 코멘터리

아프리카 분할은 제2차 산업 혁명이 전개되는 가운데 진행되었다. 유럽 열강은 아프리카를 중화학 공업에 없어서는 안 될 자원의 보고로 여겼다. 아프리카 대륙에 관한 정보를 가져다 준 것은 탐험가들이었다. 19세기 말 벨기에 왕이 동광 지대인 콩고를 영유하자 열강 사이에 긴장이 흘렀다. 그리하여 베를린 회의가 열렸고 아프리카는 열강에 의해 분할되었다.

51 프런티어 소멸과 미국·스페인 전쟁

제국주의의 시작

북미의 동쪽 해안 지역 중심으로 건국된 미합중국은 계속 서쪽으로 영토를 확대하여 태평양 연안에 도달한다. 아메리카 원주민의 조직적인 저항이 끝난 1890년 아메리카에서는 마침내 '프런티어(미개척의 땅)'가 소멸했다. 대서양 연안에서 태평양 연안에 걸친 대국을 이룬 미국은 1894년 영국을 제치고 전 세계에서 공업 생산액이 가장 높은 국가가 되었으며, 이 무렵부터 해외 진출을 적극적으로 전개했다.

미합중국이 쿠바의 독립을 지원한 사건을 계기로 1898년에는 스페인과 미국 사이에 미국·스페인 전쟁이 일어났다. 전쟁에서 승리한 미국은 스페인령이었던 필리핀, 괌, 푸에르토리코를 손에 넣었다. 독립을 이룬 쿠바 역시 실질적으로 미국의 보호국이 되었다.

한편 미합중국이 필리핀의 독립을 인정하지 않으면서 필리핀·미국 전쟁(1899~1902)이 일어난다. 전쟁에서 승리한 미국은 필리핀을 식민지 지배하기 시작했다. 더불어 하와이를 병합해 태평양에서 영토를 획득한 뒤, 1899년 청나라 시장 개방을 요구하는 문호 개방 선언을 발표함으로써 열강에 의한 청나라의 반식민지화에 뛰어들었다.

🛡 등장인물 및 세력

아메리카 원주민   미국

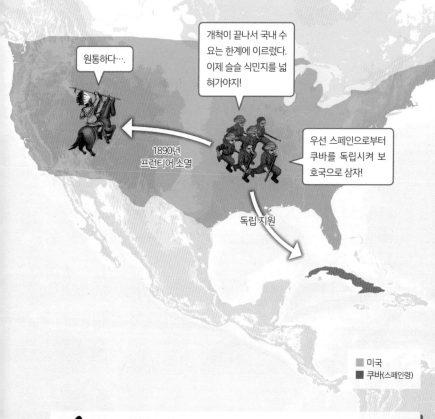

원통하다…

개척이 끝나서 국내 수요는 한계에 이르렀다. 이제 슬슬 식민지를 넓혀가야지!

1890년 프런티어 소멸

우선 스페인으로부터 쿠바를 독립시켜 보호국으로 삼자!

독립 지원

■ 미국
■ 쿠바(스페인령)

✎ **세계사 코멘터리**

19세기 말 미국에서는 영토 확장에 따른 서부 개척 운동이 마무리되었는데, 이를 '프런티어 소멸'이라고 한다. 또한 과거 '세계의 공장'이라 불리던 영국을 제치고 공업 생산액 세계 1위를 차지한다. 생산 체제는 견고했으나 국내 경제 시장이 포화 상태였던 미국은 미국·스페인 전쟁으로 시장 확대의 기회를 얻는다. 이 전쟁은 이른바 미국이 제국주의 국가로 나아가는 전환점이 되었다.

홍콩이라는 영토의 특수성

2019년에 홍콩은 대규모 시위대와 경찰의 충돌로 소란스러워졌다. 이 사건은 아편 전쟁 결과 1842년 중국이 홍콩섬을 영국에 영속적으로 할양한 데서 비롯되었다. 더불어 주룽반도 남부는 애로호 사건으로 영국에 할양되었고, 주룽반도 북부(신계)마저 청일전쟁 후 열강의 분할로 1898년부터 99년간 영국의 조차지가 되었다.

그 후 중국 정권도 바뀌고 제2차 세계대전 때는 일본군에게 점령되기도 했지만, 1997년에 임차 기간이 만료되어 홍콩 지역이 중국으로 반환된다. 단, 홍콩은 중국에 속하기는 해도 반환 후 50년간 외교와 국방 이외에는 자치권을 유지하는 특별 행정구로서 인정받았다.

그러나 근래 중국 정부의 문화적·사상적 압력이 강해지면서 홍콩의 자치성이 위협받고 있다. 홍콩은 오랜 세월 중국과 분리되어 있어서, 민주화 운동의 상징인 톈안먼 사건을 추도할 수 있을 정도로 중국 내에서 매우 특수한 지역이다. 이러한 연유로 중국에 통합되고자 하는 홍콩 정부에 대한 반발이 강해 시위가 일어난 것이다.

5

현
대

20세기, 그리고
그 이후의 세계

19세기부터 현대까지

유럽

미국까지 가세한 열강 세력이 대리전을 거듭하고 두 차례의 세계대전을 일으킨다. 제2차 세계대전 후 유럽은 동서로 나뉘어 대립하지만, 냉전이 종결되면서 다시 하나가 된다.

서아시아

제2차 세계대전 후 서아시아는 소련 등의 침공에 저항한다. 소련이 붕괴하자 걸프 전쟁으로 무력을 갖춘 이슬람 세력 일부가 미국의 적이 된다.

동아시아

제2차 세계대전에서 일본이 패배하자, 일본이 점령했던 동남아시아 국가들이 독립한다. 중국은 혁명을 거쳐 사회주의 국가가 된다.

북아메리카

두 차례의 세계대전과 동서 냉전을
거쳐 미국은 경제적·군사적으로 세
계의 중심이 된다.

세계대전이 두 번이나 일어난 시대

대리전쟁으로 전쟁터가 된 세계

유럽, 러시아, 뒤늦게 가세한 미국 등의 서구 열강이 분할 점령의 대상을 전 세계로 확대하자 세력 다툼은 더욱 격화되었다. 아프리카 대륙에서는 영국과 프랑스가 이권을 둘러싸고 대립하여 일촉즉발 상황에 놓였다. 또 러일 전쟁에서는 영국이 일본을, 프랑스·독일이 러시아를 지원했다. 열강이 직접 나서서 싸우지 않더라도, 자국의 영향력을 조금이라도 강화하고자 멀리 떨어진 다른 나라의 전쟁에까지 적극적으로 개입하는 흐름이 형성되었다.

1914년에 오스트리아·헝가리 제국과 세르비아의 분쟁을 계기로 전 세계를 휩쓴 전쟁이 발발했다. 제1차 세계대전의 막이 열린 것이다. 당시 영국에 비길 정도로 힘을 키워온 독일이 오스트리아 측에 서자, 독일을 치고 싶었던 영국과 프랑스, 발칸반도를 호시탐탐 노리던 러시아가 연합국을 구성해 세르비아 측에서 싸웠다. 유럽 전역이 전쟁터가 된 제1차 세계대전은 5년 정도 이어졌다. 하지만 미국이 연합국 측에서 참전하면서 독일은 휴전을 선언했고, 전쟁은 연합군의 승리로 막을 내렸다.

제1차 세계대전 때 프랑스, 영국에 막대한 자금을 빌려준 미국은 최대 채권국이 되었으나 주가 폭락으로 경기가 급속히 쇠퇴했다. 이로 인해 전 세계가 공황에 빠진다. 각국이 자국 식민지 등을 활용하여 경기를 회복하려고 발버둥을 치던 가운데, 나치가 통치한 독일은 빠른 속도로 자국의 경제를 부활시켰다.

독일은 독재 체제로 국내를 통합했고 다른 나라를 정복하는 파시즘을 표방했다. 그리고 1939년에 폴란드를 침공하여 제2차 세계대전의 방아쇠를 당겼다. 독일은 같은 파시즘 국가인 이탈리아, 서구 열강의 압박으로 경제가 봉쇄된 일본과 동맹을 체결한 뒤 프랑스·영국·미국 연합군과 전쟁을 벌였다. 유례없이 많은 희생자를 낸 제2차 세계대전은 소련의 참전이 계기가 되어 1945년에 연합군 측 승리로 종결되었다. 그러나 전쟁이 끝난 후에도 승전국의 세계 분할이라는 새로운 분쟁의 불씨를 남겼다.

52 파쇼다 사건과 보어 전쟁

열강 간에 불꽃이 튀는 아프리카 대륙

아프리카 대륙에서는 유럽 열강이 이해득실을 둘러싸고 충돌을 거듭하는 아프리카 분할이 최종 국면으로 접어들었다. 영국은 우선 남아프리카로 들어와 북상하면서 세력을 확대하고자 했다. 더불어 보호국으로 삼은 이집트에서 남쪽으로 세력을 뻗쳐 아프리카 대륙을 종단하는 철도 부설을 계획했다. 한편 프랑스는 나이지리아로 들어와 대륙의 서쪽을 제압한 다음 동쪽으로 진출하여 동해안까지 정복하는 횡단 정책을 펼쳤다.

양국은 지금의 수단에 위치한 파쇼다에서 충돌했다. 일촉즉발 상황이었지만, 유럽에서 한창 세력을 확장하던 독일 때문에 전쟁으로 이어지지는 않았다. 두 나라가 여기서 전력을 소모한다면 그야말로 독일의 뜻대로 되는 것이었다. 결국 프랑스가 물러나면서 사태는 마무리되었고, 이후 영국과 프랑스는 화합의 관계로 나아간다.

또한 남아프리카에서 북상하던 영국은 네덜란드계 백인 보어인이 세운 오렌지 자유국과 트란스발 왕국에서 다이아몬드와 금이 채굴되기 시작하자, 두 왕국을 공격하여 자국령으로 삼았다. 그러나 이 보어 전쟁(1899~1902)에서 영국은 두 소국을 점령하는 데 엄청난 물자와 인원을 허비했다.

🛡 등장인물 및 세력

프랑스   *vs*   영국   WIN   *vs*   LOSE   보어인

알제리

파쇼다

이곳은 우리가
점령한 토지다!

다이아몬드와 금이
나왔다고!? 당장 그
땅을 넘겨라!

케이프타운

■ 프랑스령
■ 영국령

🖋 세계사 코멘터리

19세기 말 열강이 아프리카 분할로 첨예하게 대립하던 가운데, 영국과 프랑스가 파쇼다에서 충돌했다. 일촉즉발 사태였으나 양국은 독일에 대항하는 것을 우선시해 영불 협상을 타결했다. 같은 시기 영국은 남아프리카의 금광맥을 차지하기 위해 남아프리카 백인 보어인과 전쟁을 벌였다. 남아프리카는 영국령이 되었고, 이후 인종 격리 정책인 아파르트헤이트가 수립되었다.

53 러일 전쟁과 제1차 러시아 혁명

유럽 제국의 대리전쟁

1894년에 일어난 청일 전쟁에서 청나라가 참패하자 러시아는 대륙 진출을 도모했다. 1900년 만주를 점령한 데 이어 한반도까지 세력을 뻗치려고 한 러시아는 1904년에 이를 견제하던 일본과 충돌한다. 러일 전쟁은 팽창 정책을 펼친 양국의 제국주의 전쟁이었다. 또한 일본은 영국으로부터, 러시아는 프랑스와 독일로부터 지원을 받았다는 점에서 유럽 열강의 대리전 성격도 띠고 있었다. 전쟁은 1904년 2월에 발발했다. 일본군은 서서히 공세를 펼쳤고 이듬해 5월 쓰시마 해전에서 러시아 최강 함대로 불리던 발트 함대를 격퇴했다.

이 무렵 러시아 내부에서는 황실 군대가 노동자들의 시위 행렬에 발포해 수천 명의 사상자를 낸 '피의 일요일 사건'이 발생한다. 이 사건은 혁명에 불을 지폈다. 로마노프 왕조의 전제 정치 타도를 부르짖는 민중 궐기가 일어나 제1차 러시아 혁명이 시작됐다. 러시아 전역에 번진 반정부 운동과 폭동은 전국적인 총파업, 전함 포템킨호 반란 등으로 최고조에 달했다. 러시아는 러일 전쟁을 이어가기 어려웠고 일본도 전쟁의 장기화로 국력이 한계에 다다라, 1905년 9월에 미국의 중재로 포츠머스 조약을 체결했다.

🎎 등장인물 및 세력

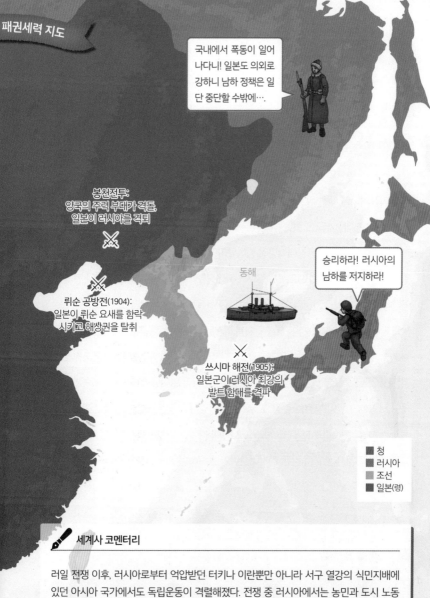

패권세력 지도

국내에서 폭동이 일어나다니! 일본도 의외로 강하니 남하 정책은 일단 중단할 수밖에….

봉천전투:
양국의 주력 부대가 격돌,
일본이 러시아를 격퇴

뤼순 공방전(1904):
일본이 뤼순 요새를 함락
시키고 해상권을 탈취

동해

승리하라! 러시아의
남하를 저지하라!

쓰시마 해전(1905):
일본군이 러시아 최강의
발트 함대를 격파

■ 청
■ 러시아
■ 조선
■ 일본(령)

🖊️ 세계사 코멘터리

러일 전쟁 이후, 러시아로부터 억압받던 터키나 이란뿐만 아니라 서구 열강의 식민지배에 있던 아시아 국가에서도 독립운동이 격렬해졌다. 전쟁 중 러시아에서는 농민과 도시 노동자의 불만이 강해져 상트페테르부르크에서 '피의 일요일 사건'이 발생했다. 황제는 국민에게 입법 의회 두마를 개설하겠다고 약속하고 사태를 일단락지었다.

일본의 진출로 달라진 힘의 균형

러일 전쟁이 일본의 우세로 막을 내리자, 유럽 열강과 러시아는 전쟁으로 맺은 협약에 따라 대한제국에 대한 일본의 우선권을 인정한다. 그리하여 일본은 한국 통감부를 설치하고 1910년 대한제국을 병합했다. 이는 러시아의 남하에 대비한 조치였다.

1911년 청나라에서는 신해혁명이 일어났다. 과거 정부에 반기를 들어 망명 중이던 쑨원은 재빨리 귀국하여 1912년에 청나라를 대신할 새로운 정부 '중화민국'의 건국을 선언한다. 이로써 약 300년의 역사를 자랑하던 청 왕조가 멸망했다. 또한 조선에서는 일본의 지배에서 벗어나고자 독립을 외치는 3·1운동이 전개되었다.

다른 아시아 국가에서도 식민지 지배에 저항하는 움직임이 거세졌다. 영국령 인도에서는 1905년 선포된 벵골 분할령에 대한 반란 운동이 일어났고, 이 운동을 계기로 인도 국민 회의파가 반영 투쟁의 중심 조직으로 바뀌었다. 네덜란드령 동인도로 불리며 식민통치에 시달리던 인도네시아에서도 1920년대부터 수많은 민족주의 운동이 잇따랐다. 한편 신흥국 일본은 유럽 강대국과 러시아가 통치하던 지역으로 진출하여 힘을 균형을 무너뜨렸다.

🐾 **등장인물 및 세력**

| 영국령 인도 | 네덜란드령 동인도 | 중화민국 | 조선 |

패권세력 지도

일본의 지배에서 벗어나자! 대한독립 만세!

만주족으로부터 중국을 되찾아 한족의 나라를 세우자!

3·1운동(1919)

신해혁명(1911)

영국의 압제 정치에 항의합니다!

반영 민족주의 운동 격화(1905~09)

'다양성 속의 통일' 이라는 슬로건 아래 독립을 지향하자!

■ 중화민국
■ 일본(령)
■ 영국령 인도
■ 네덜란드령 동인도

세계사 코멘터리

이란과 터키에서는 헌법에 입각한 의회 정치를 실현하려는 혁명이 일어났다. 청나라에서도 헌법 제정을 포함한 개혁에 대한 요구가 높아졌다. 인도에서는 국민 회의파 대회가 열려 스와라지(자치) 운동 등이 방침으로 정해졌고, 베트남에서는 일본으로부터 근대 문물을 배우자는 동유 운동이 전개되었다.

55 제1차 세계대전과 베르사유 조약

인류 최초의 대규모 세계 전쟁

19세기 말부터 제국주의 국가들은 세계 각지의 영토 분할에 열을 올렸다. 1912년 세르비아, 불가리아 등 몇몇 국가가 오스트리아 세력에 대항하기 위해 발칸 동맹을 체결한다. 그러던 중 1914년에 오스트리아·헝가리 제국의 황태자가 보스니아의 수도 사라예보에서 세르비아인 청년에게 암살당하는 사건이 발발하자, 오스트리아는 세르비아에 전쟁을 선포한다. 발칸반도를 노리던 러시아와 유럽 각국이 연이어 전쟁에 뛰어들었다. 1914년 7월, 독일·오스트리아 동맹국과 영국·프랑스·러시아 연합국(협상국)이 대립한 사상 초유의 총력전인 제1차 세계대전이 일어났다.

유럽을 주 무대로 확대된 전쟁은 이윽고 교착 상태에 빠졌다. 그러다가 1917년 독일에 선전 포고한 미국이 참전하면서 연합국 측이 유리해지자, 독일은 결국 휴전 협정에 서명한다. 전쟁은 연합국의 승리로 1918년 11월에 막을 내렸다.

1919년 파리 강화 회의가 열려 베르사유 조약이 체결되었다. 그리고 다음 해에 사상 최초의 국제 평화 유지 기구인 국제 연맹이 발족되었으나, 이는 민족주의를 고양하는 불씨가 되었다.

등장인물 및 세력

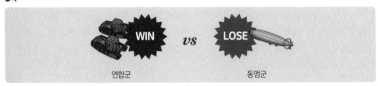

연합군   WIN   vs   LOSE   동맹군

패권세력 지도

독일이 비행선의 폭격으로 런던 시민을 공포에 떨게 했다!

영국

런던

프랑스

방어하는 측에 유리한 참호전의 전세를 단번에 뒤집을 수 있는 영국의 전차 등장!

러시아

독일

오스트리아·헝가리

사라예보

불가리아

이탈리아

오스만 제국

■ 동맹국
■ 중립국
■ 연합국

🖊 세계사 코멘터리

세계대전은 남녀노소 할 것 없이 전 국민이 동원된 사상 초유의 총력전이었다. 비행기, 전차, 독가스 등 신무기가 등장한 것도 이때였다. 그런 만큼 막대한 희생이 뒤따랐다. 강화 조약인 베르사유 조약은 패전국의 위협 요소를 제거해야 한다는 전승국의 요구에 따라 독일·오스트리아·터키 제국을 해체했고, 이로 인해 동유럽 8개국이 독립했다.

56 워싱턴 회의와 로카르노 회의

서구 열강에게 압박받는 일본

제1차 세계대전은 동맹국 측 패배로 막을 내렸다. 일본은 전쟁 중 중화민국 정부에 중국 지배에 관한 21개조 요구 사항을 제출해 산둥성 등 독일 조차지의 이권을 얻었다.

전쟁 후 군사와 무기는 비약적으로 발달했지만, 이를 서로 제어해야 한다는 필요 때문에 세계 최초의 군비 축소 회의인 '워싱턴 회의'가 1921년 미국의 주도로 진행되었다. 이 회의를 통해 전승국 중 일본을 포함한 5대국의 군함 보유 비율이 정해졌다. 특히 일본은 21개조로 양도받은 산둥반도의 조차권을 중국에 반환하도록 요구받았다. 미국은 워싱턴 회의에서 청일·러일 전쟁으로 약진해 중국과 태평양으로 뻗어 나가는 일본의 기세를 꺾을 국제적 합의를 끌어내고자 했다.

패전국인 독일과 전승국인 영국, 프랑스, 벨기에, 이탈리아 등은 유럽의 안전을 보장하는 로카르노 조약에 서명한다. 로카르노 조약에는 독일의 국제 연맹 가입을 조건으로 프랑스·벨기에와 독일의 국경을 현상 유지하고, 국제 분쟁 해결 시 무력 사용을 금한다는 내용 등이 포함되었다. 워싱턴 회의와 로카르노 회의로 제1차 세계대전 이후의 세계는 당분간 평화를 유지할 수 있을 것처럼 보였다.

🏛 등장인물 및 세력

미국이 일본을 압박한 덕분에 영토를 돌려받았다!

워싱턴 회의에서 군함 보유 수가 제한되었다….

독일로부터 뺏은 중국 영토도 반환해야 한다….

칭다오

산둥성

반환

■ 중화민국
■ 일본

✎ **세계사 코멘터리**

제1차 세계대전 이후 평화 유지를 위한 국제 질서가 정비되었다. 워싱턴 회의에서는 세력 균형 회복이라는 관점에서 일본의 태평양·중국 진출을 억제하는 조약이 체결되었다. 또 로카르노 회의에서는 라인란트 비무장화가 확인됨으로써 독일과 프랑스의 관계 쇄신이 기대되었다. 그러나 세계 경제 공황이 터지면서 워싱턴·로카르노 체제는 무너졌다.

57 1929년, 세계 경제 공황의 시작

미국에서 세계로 확산하는 대공황

제1차 세계대전 때 무기와 식량 등을 유럽 국가에 수출하여 막대한 이익을 거둔 미국은 세계 제일의 경제 대국으로 우뚝 섰다.

대량의 자본이 투입된 미국 주식 시장에서는 주가가 끝없이 상승했다. 하지만 이미 공업품과 농작물은 과잉 생산된 상태였고, 국민의 구매력은 한계에 다다라 있었다. 그러다가 제너럴모터스사의 주가가 하락하자 사람들은 주식을 팔아치우기 시작했고, 주가 대폭락 현상이 일어났다. 공장이 잇따라 도산하면서 대량의 실업자가 생겨났고, 이에 따라 구매력이 낮아져 실업자가 더욱 늘어나는 대불황이 불어닥쳤다. 그 여파로 미국의 원조에 의지했던 유럽 국가들도 불황에 휩쓸려 세계는 대공황 시대를 맞이했다.

영국, 프랑스 등 식민지를 가진 국가는 자국과 식민지 사이에서만 통상 무역을 했고, 타국에서 들어온 수입품에는 높은 관세를 매기는 블록 경제를 추진하여 경제 회복을 도모하고자 했다. 세계 시장이 봉쇄되자 미국의 경제 회복은 더욱 더뎌져 자국의 공공사업을 확장하는 뉴딜 정책이 전개되었다. 공황에서 벗어나기 위한 각국의 대책은 갈등을 불러왔고, 이러한 대립은 제2차 세계대전의 불씨가 되었다.

🐎 등장인물 및 세력

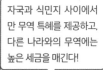

패권세력 지도

자국과 식민지 사이에서만 무역 특혜를 제공하고, 다른 나라와의 무역에는 높은 세금을 매긴다!

식민지가 없으니…. 공황의 혼란을 틈타 군사 침략으로 자급자족 경제를 구축하자!

우리는 무엇을 얼마나 만들지 국가가 관리하는 사회주의이므로 공황의 영향을 받지 않는다!

우리도 영국처럼 식민지를 이용한 블록 경제를 추진한다!

국내 자원도 식민지도 없다…. 독일처럼 침략과 독재를 내세우는 파시즘을 지향하자!

■ 영국
■ 독일
■ 프랑스
■ 이탈리아
■ 소련

✎ **세계사 코멘터리**

제1차 세계대전 후 미국에서는 고도화된 대중 소비 사회가 출현한다. 모든 사람이 '황금의 1920년대', '영원한 번영'을 믿고 있던 가운데 월가의 주가가 폭락했다. 대공황의 물결은 전 세계로 퍼져나갔다. 베르사유 조약 이래 지속된 국제 평화의 흐름이 끊어지고 전쟁의 발소리가 높아졌다. 1930년대에 접어들어 영국과 프랑스를 제외한 유럽 국가 대부분은 전체주의 국가가 되었다.

나치 정권 성립과 베를린·로마 추축

대중의 마음을 사로잡은 히틀러의 등장

베르사유 조약에서 제1차 세계대전 배상금을 물게 된 독일은 세계 공황까지 덮쳐 혼란
에 빠졌다. 이때 베르사유 체제 타파, 금융을 좌지우지하는 유대인 배척, 공산주의 배제
등을 주장하며 나타난 사람이 아돌프 히틀러였다. '나치' 정당은 1932년 총선 제1당이
되었고, 이듬해 히틀러는 수상 자리에 올랐다. 히틀러는 아우토반 건설 등의 공공사업으
로 경제를 회복한 다음 베르사유 체제 타파를 부르짖으며 1933년에 국제 연맹을 탈퇴
한다. 또 바이마르 헌법을 폐지하고 독재 정치를 확립해 파시즘 체제로 옮겨간다. 이윽
고 1934년 8월, 총통으로 취임해 전권을 장악한다.

1936년 7월 스페인 내전이 발발하자 파시즘 국가인 독일과 이탈리아는 스페인의 프
랑코 군대에 원조를 보냄으로써 결속을 다지게 된다. 독일은 이탈리아의 에티오피아 병
합에 대한 불간섭을 약속했고, 이탈리아는 독일의 오스트리아 진출을 인정했다. 그러자
이탈리아 독재자 무솔리니는 양국이 세계의 회전축이 될 것이라며, 그해 10월 '베를린·
로마 추축'을 선언했다. 11월에는 일본과 독일이 일독 방공 협정을 체결했다. 세 나라는
훗날 '추축국'이라 불리게 된다.

🐎 등장인물 및 세력

패권세력 지도

일단 소련과 손잡고
폴란드를 분할하자!

영국

독일

독소 불가침 조약

소련

프랑스

베를린·로마 추축

오스트리아를 넘겨줘야
하지만, 영국·프랑스에
대항하기 위해서라면!

이탈리아

제2차 에티오피아 전쟁

■ 추축국
■ 연합국
※ 검은 테두리는 폴란드

세계사 코멘터리

히틀러는 일찍이 없던 경제 공황 속에서 600만 명의 실업자를 구하겠다고 호언장담했고, 목표의 90%를 달성했다. 그는 군수 산업과 인프라 건설 정책으로 실업자를 줄여 국민들의 절대적인 지지를 받았다. 이와 동시에 좌파 정당을 탄압하고 유대인을 박해했다. 대외적으로는 스페인 내전을 계기로 독일·이탈리아의 수뇌가 가까워졌고, 양국 아래 세계를 하나로 집결하기 위한 베를린·로마 추축이 성립되었다.

59 스페인 내전과 국제 정치

이데올로기의 대리전으로 변해가는 내전

유럽 국가들이 독자적으로 번영의 길을 모색하고 있을 때, 대항해 시대 황금기를 누렸던 스페인은 힘을 잃어갔다. 1936년 파시즘 정권에 대항하던 스페인 인민 전선이 정권을 탈취해 반파시즘(반전체주의) 정부를 수립했다. 그러나 구정부의 군부에서 쫓겨난 프랑코 장군이 이끄는 군대가 모로코에서 쿠데타를 일으켜 국내 반공화파에게 일제히 봉기할 것을 주창했다. 스페인을 양분하는 내전이 막을 연 것이다.

개전 초기 전세가 인민 전선에 유리하게 흘러가자, 1936년 8월 프랑코 장군은 같은 파시즘 국가인 독일과 이탈리아에 지원을 호소했다. 독일은 스페인의 철강 자원 획득과 재군비가 끝난 독일군의 실전 훈련을 목표로 전쟁에 참가한다. 이탈리아도 지원에 나섰는데, 이 전쟁을 계기로 두 나라는 급속히 가까워진다.

인민 전선은 영국, 프랑스에 지원을 요청했으나, 양국은 독일과 충돌을 피하는 유화 정책을 채택하고 있어서 이에 응하지 않았다. 소련이 힘을 보탰지만, 인민 전선 내부의 결속이 무너져 사상 차이 등으로 내분이 일어났다. 1939년 마드리드가 함락되면서 내전은 파시즘 연합군의 승리로 막을 내렸다.

🛡️ 등장인물 및 세력

독일　이탈리아　지원 →　파시즘 연합군　**WIN**　*vs*　**LOSE**　인민 전선　← 지원　소련

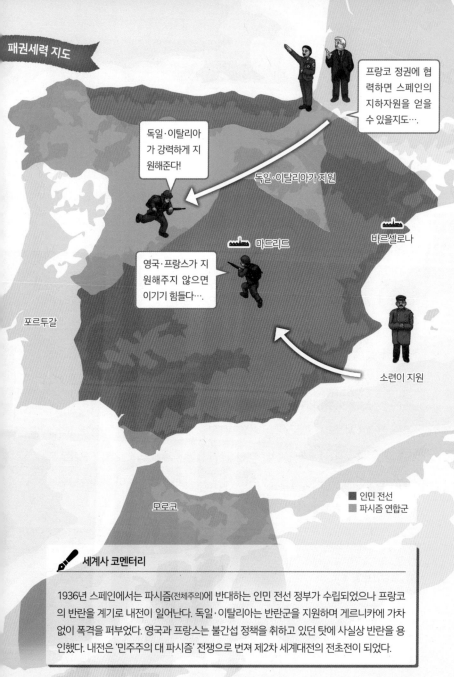

세계사 코멘터리

1936년 스페인에서는 파시즘(전체주의)에 반대하는 인민 전선 정부가 수립되었으나 프랑코의 반란을 계기로 내전이 일어난다. 독일·이탈리아는 반란군을 지원하며 게르니카에 가차없이 폭격을 퍼부었다. 영국과 프랑스는 불간섭 정책을 취하고 있던 탓에 사실상 반란을 용인했다. 내전은 '민주주의 대 파시즘' 전쟁으로 번져 제2차 세계대전의 전초전이 되었다.

60 제2차 세계대전과 연합국의 성립

파시즘 대 반파시즘의 전쟁

1930년대 유럽 각지에서 대두한 파시즘 세력에 대해 영국과 프랑스는 유화 정책을 펴고자 했다. 그러나 히틀러가 소련과 손을 잡고 폴란드로 침공하면서 제2차 세계대전이 발발했다. 독일군은 덴마크에 이어 프랑스로 쳐들어가 파리를 점령한다. 더불어 독소 불가침 조약을 파기하고 소련에도 침략했다.

1940년, 아시아에서는 미국과 유럽에 경제적으로 포위된 일본이 프랑스령 인도차이나에 주둔한 사건을 시발점으로 서구권 세력과 대립한다. 독·이·일 삼국 동맹이 결성되자 일본군은 영국령 말레이반도 상륙 작전을 개시했다. 이로써 아시아·태평양 전선은 전화에 휩싸였다. 그 직후 일본군이 미국 하와이의 진주만을 공습함에 따라, 그전까지 고립주의 태도를 고수했던 미국이 일본에 전쟁을 선포한다.

독소 전쟁이 시작되자 루스벨트와 처칠은 대서양 헌장을 발표하고 파시즘에 대항할 것을 선언했다. 1941년에 미국이 세계대전에 뛰어들면서 26개국의 반파시즘 국가로 구성된 연합군이 결성되었다. 유럽과 아시아·태평양 지역에서 펼쳐진 이 전쟁은 1945년에 연합국의 승리로 종결되었다.

🏛 등장인물 및 세력

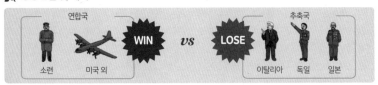

세계사 코멘터리

제2차 세계대전은 소련이 독일과 결탁해 폴란드 분할을 강행하면서 발발했다. 아시아에서도 일본이 태평양 전쟁을 전개했다. 미국과 영국은 전후 구상을 담은 '대서양 헌장'을 바탕으로 연합국을 결성했고, 미·영·중·소 4개국을 중심으로 26개국이 참가했다. 이 연합국은 전후 국제 연합으로 이어졌다.

미국과 소련, 차가운 전쟁의 시대

전쟁을 하지 않고 싸우는 전 세계

소련은 독소 전쟁에서 막대한 피해를 입은 뒤, 동유럽 국가들을 방파제로 삼아 자국의 안전을 확보하고자 했다. 이로 인해 동유럽에서는 공산당 정권이 연이어 탄생했다.

공산주의 세력의 확대를 우려한 미국은 1947년 3월 '트루먼 독트린'을 발표한다. 공산주의 세력과 내전 상태에 있던 그리스 정부와 소련으로부터 압박받던 터키를 지원해, 소련의 정치적 영향을 봉쇄하는 정책을 펼쳤다. 나아가 같은 해 6월에는 제2차 세계대전으로 피폐해진 유럽 국가들의 경제 부흥을 지원하고자 '마셜 플랜'을 발표했다. 초조해진 소련은 그해 9월 코민포름을 결성한 뒤 동유럽권에 압박해 동유럽 국가들을 소련의 위성국으로 삼았다. 이렇게 하여 미국을 중심으로 한 서쪽 자본주의 진영과 소련을 중심으로 한 동쪽 공산주의 진영 사이에 대립 구조가 선명해졌다.

미·영·불·소 4개국에 의해 분할 통치되던 독일에서도 소련이 점령하는 동쪽과 미·영·불이 지배하는 서쪽의 체제가 서로 달라, 1949년에 동독·서독으로 분단되었다. 1961년에는 동독에서 서독으로의 망명을 막기 위한 베를린 장벽이 세워졌다.

동서 진영의 대립은 전 세계로 파급되었고, 각지에서 일어나는 사회주의와 자본주의 대립에 각각의 진영이 개입했다. 강대국이 직접 싸우지 않고 세계 곳곳에서 대리전이 벌어지는 이러한 상황을 가리켜 '냉전'이라고 불렀다.

1985년 소련의 최고 지도자 고르바초프가 민주화 운동(페레스트로이카)을 시작하자, 동유럽 국가들도 잇따라 민주주의 체제로 변화한다. 또 동독 정부가 서독으로 출국을 허가하면서, 마침내 1989년에 베를린 장벽이 무너졌다. 이러한 동향을 읽은 미국과 소련은 몰타 정상 회담에서 냉전 종결을 선언한다.

한편 페레스트로이카로 소련의 통제력이 약화한 데다, 발트 삼국의 독립으로 정치가 불안정해져 1991년에는 소련이 해체되었다.

61 얄타 회담과 냉전의 시작

새로운 대립의 씨앗

제2차 세계대전에서 승리한 연합국 중 미국, 영국, 소련은 크림반도의 얄타에서 전후 처리에 관한 얄타 회담을 열었다. 여기에 프랑스를 더한 4개국이 독일을 분할 점령하기로 했고, 독일에 점령당했던 동유럽 국가들에서는 민주화와 자유 선거에 의한 주권 회복이 추진되었다. 독일이 점령했던 폴란드의 영토도 반환되었다.

소련은 독소 전쟁의 경험을 교훈 삼아 주변 동유럽 국가들을 아군으로 만들고자 각국의 공산당을 후원했다. 뿐만 아니라 영국에 있는 폴란드의 망명 정부 대신 다른 조직을 신정부로 세워 소련의 영향력 아래 두려고 했다. 어느 쪽이 정식 정부인지를 두고 영국과 소련이 대립하면서 전후 세계의 세력 다툼이 시작되었다.

또 얄타 회담에서 국제 평화와 안전의 유지를 목적으로 한 국제 연합이 발족된다. 소련은 자국 내 우크라이나와 벨라루스가 국제 연합에 들어가는 것을 승인해달라고 요구했다. 두 나라는 주권 국가가 아니었으므로 원칙상으로는 불가능했지만, 당시 영국도 자치령이었던 인도를 참가시키고자 이에 합의했다. 이렇듯 평화 유지를 우선으로 한 단체에서조차 동서 냉전의 불씨가 남아 있었다.

🎖 등장인물 및 세력

영국   프랑스   미국   *vs*   소련

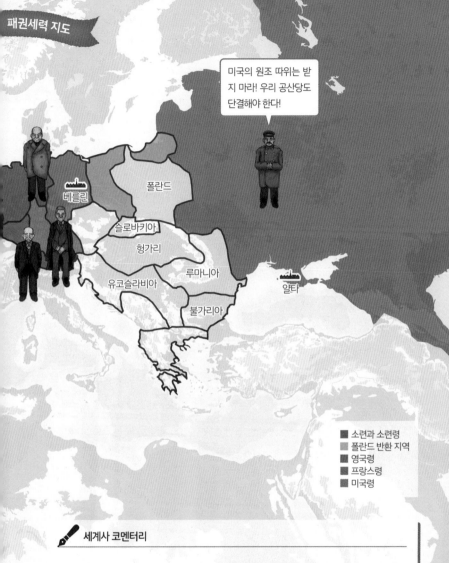

패권세력 지도

미국의 원조 따위는 받지 마라! 우리 공산당도 단결해야 한다!

베를린

폴란드

슬로바키아

헝가리

루마니아

유고슬라비아

얄타

불가리아

■ 소련과 소련령
■ 폴란드 반환 지역
■ 영국령
■ 프랑스령
■ 미국령

✎ 세계사 코멘터리

구소련령인 크림반도 얄타에서 미·영·소 3개국 수뇌 회담이 이뤄졌다. 회담에서 독일 점령 개혁과 국제 연합 구성에 따른 미·소 협동 체제가 확정되는 한편, 폴란드의 영토와 정통 정부 승인 문제를 두고 영·소가 충돌했다. 그뿐 아니라 동유럽 발칸반도 국가들이 소련의 지배 아래 들어가게 되었다. 얄타 회담은 '승자의 세계 분할'을 정하는 장이 되었다.

62 철의 장막과 미·소의 대립

제2차 세계대전으로 생긴 동서 대립 구도

제2차 세계대전에서 나치를 격퇴한 소련의 영향으로 동유럽에는 수많은 공산주의 정권이 탄생했다. 이에 자본주의 국가 미국은 적으로 돌아서는 공산주의 국가들을 봉쇄하고자 했다. 1946년 영국의 정치가 처칠은 소련이 동유럽 국가들의 공산주의 정권을 통제하며 서방의 자본주의 진영과 대립하는 상황을 꼬집어, "유럽에 철의 장막이 드리워졌다"고 말했다. 이는 미·소를 축으로 동서를 양분하는 구도가 완성되었음을 뜻했다.

1948년 미·영·불·소 4개국에 의해 분할 점령된 독일에서는, 서쪽의 통화 개혁 강행에 반발한 소련이 서베를린을 봉쇄했다. 독일의 동서 분열이 사실상 확정되면서 양 진영 사이에 긴장감은 삽시간에 높아졌다. 더불어 같은 시기에 소련의 핵무기 개발이 표면화되자, 이듬해 미국 등의 서쪽 진영은 북대서양 조약 기구인 나토를 결성해 소련 포위망을 구축하기 시작했다. 소련도 공산주의 7개국과 바르샤바 조약 기구를 조직해 이에 대항했다. 직접 대결하지는 않았지만, 철의 장막 너머의 대립은 '냉전'으로 불리며 세계 곳곳에서 첨예하게 대치하는 대리전을 낳았다.

🎭 등장인물 및 세력

자본주의   *vs*   공산주의

중동부 유럽의 유서 깊은 수도는 모두 철의 장막 너머에 있다.

독일 분할로 자본주의 세력은 방해꾼이라는 것을 알게 되었다….

영국

동독   폴란드

서독

헝가리

프랑스

루마니아

불가리아

이탈리아

공산주의
자본주의

🖊 세계사 코멘터리

1946년 3월 미국 트루먼 대통령의 고향인 미주리주 풀턴을 방문한 영국의 정치가 처칠은 웨스트민스터 대학 기념 연설에서, "유럽은 발트해의 슈체친에서 아드리아해의 트리에스테에 이르기까지 철의 장막이 드리워졌다. 동유럽에는 자유가 없는 전체주의가 널리 퍼져 있다"고 했다. 미·소 대립의 시대를 내다본 것이었다.

63 중화 인민 공화국과 한국 전쟁

중국의 내분과 냉전의 격전지가 된 한반도

제2차 세계대전에서 승전국이 된 중국은 국제 연합 안전 보장 이사회의 상임 이사국이 되었으나, 미국에 의존하려는 국민 정부와 공산당이 대립하면서 내전이 일어난다. 그 결과 1947년 소련의 원조를 받은 마오쩌둥의 인민해방군이 미국의 지원을 받은 장제스의 국민혁명군을 제압하고, 1949년에 중화 인민 공화국을 세운다.

일본이 점령하던 한반도는 제2차 세계대전 이후 38선을 경계로 북쪽은 소련, 남쪽은 미국의 영향 아래 놓이게 되었다. 1950년 6월 소련의 지원을 받은 북한이 갑자기 38선을 넘어 남한으로 침공했다. 북한은 한때 국토의 90%를 점령했으나, 맥아더를 사령관으로 임명한 국제 연합군이 한국군을 직접 지휘하여 반격해 영토 대부분이 수복되었다.

그 후 중국이 북한 측에 의용병을 보냈고, 양측은 북위 38선 부근에서 일진일퇴의 공방을 거듭했다. 결국 1953년 판문점에서 휴전 협정이 이루어졌다. 한반도는 남북으로 정권이 나뉜 분단국가가 되어 오늘날까지 동아시아 정세에 긴장감을 더하고 있다.

🛡 등장인물 및 세력

소련의 지원으로 한때는
한반도의 90%를 점령

지원

베이징

소련이 지원해준 덕
분에 이길 수 있었다!
공산주의의 승리다!

제압
(1949)

지원

국제 연합군의 지원으로
38선에서 휴전(1953)

청두

충칭

미국이 지원한 국민당은
타이완으로 패주

타이완

■ 중화 인민 공화국
■ 북한
■ 한국
■ 일본

세계사 코멘터리

1949년 내전에서 승리한 마오쩌둥은 베이징을 점령하고 중화 인민 공화국을 선언한다. 이
듬해 마오쩌둥과 소련의 스탈린은 북한의 김일성에게 한국 전쟁의 개전을 허가한다. 사흘
만에 끝낼 계획이었던 전쟁은 무려 3년 동안 이어졌다. 심지어 한반도에 한정된 전쟁임에
도 20개국 이상이 참전했다. 유럽에서 진화한 냉전은 아시아에서 열전으로 바뀌었다.

64 독립하는 아시아와 아프리카

동서 냉전 구조를 뒤흔드는 독립 국가들

제2차 세계대전 종결 후 서방 국가들 식민지 지배 체제는 크게 흔들렸다. 전쟁으로 세력을 잃어 각지에서 일어나는 민족주의 운동 저항을 감당할 수 없었던 것이다.

1940년대 후반부터는 아시아 국가들이 잇따라 독립하기 시작했다. 영국 지배에 있던 인도, 파키스탄, 실론(지금의 스리랑카)이 분리 독립했고, 일본의 대동아 공영권 구상 아래 지배당했던 동남아시아 국가들에서도 항일 세력이 독립을 향해 움직이기 시작했다. 일본군이 프랑스, 네덜란드, 미국으로부터 빼앗아 점령했던 베트남, 인도네시아, 필리핀이 독립했다. 1950년대에는 동서 냉전을 비판하는 아시아·아프리카·라틴아메리카 지역의 독립 국가들, 즉 '제3세계'가 세력을 형성한다. 사하라 이남 아프리카에서는 1957년에 가나가 독립한 데 이어, 1960년 17개국이 모두 독립을 달성하여 이때를 '아프리카의 해'라고 불렀다.

새로 독립한 국가들은 반식민지, 반침략 전쟁을 외치며 서로 유대를 강화했다. 동서 진영의 세력 다툼에 동원되기를 거부하는 아시아·아프리카의 움직임이 일어나자 제3세계를 무시할 수 없게 되었다.

🐎 등장인물 및 세력

필리핀   인도네시아

패권세력 지도

1948년
영국으로부터
독립

1953년
프랑스로부터
독립

1953년
프랑스로부터
독립

1945년
프랑스로부터
독립

제2차 세계대전 때 일본에
점령당한 국가들이 열강으
로부터 잇따라 독립.

1946년
미국으로부터
독립

1963년
영국으로부터
독립

1949년
네덜란드로부터
독립

■ 말레이시아
■ 미얀마
■ 라오스
■ 베트남
■ 캄보디아
■ 필리핀
■ 인도네시아

세계사 코멘터리

19세기에 식민지화되었던 아시아와 아프리카 국가들은 동서 간 긴장 상태를 틈타, 전후 10년 사이에 잇따라 독립했다. 열강에 식민주의를 지속할 만한 힘이 남아 있지 않은 것이 주된 원인이었다. 한편 유대인이 건국하여 독립한 이스라엘과 같이 현재까지 분쟁의 불씨가 남아 있는 서아시아 국가들도 출현했다.

65 베트남 전쟁과 카운터 컬처의 형성

미국의 첫 패전

제2차 세계대전 후 독립을 이룬 베트남은 동서 냉전 영향으로 남북으로 분단되었다. 1960년 소련의 지원을 받던 북베트남(베트남 민주 공화국)과 미국의 지원을 받던 남베트남 (베트남 공화국) 사이에 군사 충돌이 일어났다. 북쪽의 공산주의가 남쪽에 영향을 미칠까 우려한 미국은 1964년부터 개입하여 북베트남군과의 전투에 뛰어들었다.

북베트남군과 해방전선군이 공격해오자, 미국군은 북쪽 영향을 받는 촌락을 모조리 태워버리고 고엽제를 살포해 밀림을 민둥산으로 만드는 등 비인도적 작전을 펼쳤다. 그 러자 세계 곳곳에서 반전 운동이 일어났다. 이는 문화에도 영향을 미쳤다. 풍요로운 생 활 속에서 생겨난 문화에 저항하는 '카운터 컬처'가 젊은 세대를 중심으로 널리 퍼졌다. 록이나 포크송, 아메리칸 뉴시네마 같은 장르가 탄생했다.

전쟁은 장기화했지만, 1968년 후퇴하기 시작한 미군은 1973년 베트남 평화 협정을 맺으면서 물러났다. 남베트남 정부와 해방 전선 간 전투는 계속되었고, 결국 북쪽이 수 도 사이공 함락에 성공해 베트남을 통일함으로써 완전히 종결되었다. 이 전쟁은 미국에 첫 패배를 안겼을 뿐 아니라 시대 변화에 커다란 전환점이 되었다.

🔴 등장인물 및 세력

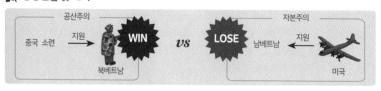

중국·소련이 지원

게릴라전으로 끈질기게
싸워 남북을 통일했다!
사회주의의 승리다!

미국이 지원·직접 개입

이 이상 전쟁을 지속하면
국제 여론이 용서하지 않
을 거야…, 철수하자!

■ 북베트남
■ 남베트남

 세계사 코멘터리

1960년 전후 남북으로 분단되었던 베트남에서 해방과 통일을 위한 전쟁이 시작되었다. 여
기에 미국과 한국이 개입했다. 미국 내에서는 소수자에 대한 공민권법 문제와 더불어 반전
운동이 확산했다. 이에 따라 음악에서는 록이나 포크송이 유행했고 히피가 사회 현상으로
떠오르는 등 기성세대 문화에 대항하는 카운터 컬처가 탄생했다.

66 아프가니스탄 침공과 냉전 올림픽

소련 붕괴의 서곡

베트남 전쟁의 종결이 가까워지자 동아시아 국제 정치 판도는 크게 바뀌었다. 1972년 닉슨의 중국 방문을 시작으로 1978년 중일 평화 우호 조약 체결, 1979년 미중 관계 정상화, 1980년 중소 우호 동맹 조약 파기 등이 이뤄졌다. 1970년대에 들어서자, 세계는 냉전 시대에서 긴장 완화 시대로 옮겨갔다.

이런 가운데 아프가니스탄에서 아민 군사 정권이 독재 체제로 돌아서 공산주의자를 배척하는 움직임이 나타났다. 그러자 소련의 브레즈네프는 이슬람계 정권의 힘이 강해 져 소련 내 이슬람계 국가가 이탈할 것을 우려해 아프가니스탄을 침공했다. 미국은 소 련의 이런 움직임을 비난하며 경제를 제재했을 뿐 아니라 아프가니스탄에 무기 등을 제 공했다. 더불어 1980년 모스크바 올림픽 보이콧을 전 세계에 호소했고 소련과 대립하 던 중국, 이란, 파키스탄 등 50개국이 이에 동조했다.

결국 소련은 국제 여론 비난과 현지의 거센 저항으로 10년 후인 1989년에 아프가니 스탄에서 철수했다. 이를 계기로 소련은 붕괴의 길을 걷기 시작한다. 이때 미국으로부터 무기를 지원받아 힘을 키운 게릴라군 중 이슬람 원리주의자 탈레반이 등장한다.

🏛 등장인물 및 세력

미국 → 지원 아프가니스탄 **WIN** *vs* **LOSE** 소련

🖌 세계사 코멘터리

1970년대 후반 국제 정치가 긴장 완화(데탕트) 국면으로 접어들면서 미·소, 동유럽·서유럽의 관계가 개선되기 시작했다. 그러던 1979년, 아시아에서 열세였던 소련이 아프가니스탄을 침공해 군사 점령을 이어나가자, 소련에 대한 거센 비난의 물결이 일었다. 미국과 소련은 1980년대에 예정된 모스크바·로스앤젤레스 올림픽을 서로 보이콧하기에 이르렀고, 올림픽은 냉전의 장이 되었다.

67 베를린 장벽과 소련의 붕괴

냉전 종결이 선언된 몰타 회담

1964년부터 브레즈네프 서기장의 장기 집권이 계속된 소련은 정치 부패와 노동자 의욕 저하 등으로 사회와 경제가 크게 쇠퇴했다. 1985년 이러한 상황을 타파하고자 고르바 초프 서기장은 정치·경제의 자유화를 내세운 페레스트로이카를 실시했다. 이는 동유럽 국가에도 영향을 끼쳐 1989년에 민주화를 실현한 동유럽 혁명이 일어난다. 독일에서 도 동독 정부가 주민의 서독 출국을 허가했고 동서를 가르던 베를린 장벽이 무너졌다. 1990년에 동서 독일은 통일된다. 이러한 흐름에 발맞춰 미·소 수뇌인 레이건 대통령과 고르바초프는 몰타 회담에서 냉전의 종결을 선언했다.

그러나 소련의 경제 개혁은 계획대로 진행되지 않았고, 이로 인해 러시아와 카자흐스 탄 등 공화국의 자립 요구가 거세지면서 체제를 유지하려는 보수파의 위기감이 높아졌 다. 1991년 보수파는 쿠데타를 일으켜 고르바초프를 몰아내려고 했으나 실패했고 정치 에서 배제되었다. 이때 발트 삼국이 독립을 달성했다. 러시아, 우크라이나, 벨라루스가 독립 국가 연합(CIS)을 결성하자 고르바초프는 당서기장을 사임하고 공산당을 해체했 다. 이로써 소련은 69년 역사에 종지부를 찍었다.

🛡 등장인물 및 세력

동유럽 국가 ← 독립을 인정 ── 소련

독립에 불간섭

사회주의를 버리고 민주주의를 받아들이자!

CIS

어디까지나 사회주의의 틀 안에서 페레스트로이카를 실시하려고 했건만, 동유럽 개혁의 방아쇠를 당기고 말았군….

■ 러시아
■ 벨라루스
■ 우크라이나
■ 카자흐스탄
■ 우즈베키스탄
■ 투르크메니스탄
■ 타지키스탄

 세계사 코멘터리

소련에서 페레스트로이카가 전개된 1980년대 후반, 동유럽에서는 민주주의 혁명이 일어났다. 평화 시위가 고조되면서 공산주의 독재 정권은 잇따라 무너져 내렸다. 소련이 개입하지 않은 것이 요인이었다. 소련은 시장 경제를 도입했으나 인플레이션과 물량 부족 현상으로 나타나 사회 경제가 대혼란에 빠졌다. 이를 계기로 소련이 해체되고 독립 국가 연합이 성립된다.

68 이슬람 세력의 동시다발 테러

미국과 이슬람 원리주의자의 대결

이란·이라크 전쟁(1980~1988) 후, 이라크에서는 재정과 경제의 재건이 중요한 과제로 떠올랐다. 이라크는 쿠웨이트가 석유 증산으로 가격 저하를 초래한 일을 비난하며 1990년에 쿠웨이트를 침공했다. 이에 미국 41대 대통령 부시는 국제 연합 아래 다국적 군대를 편성하여 이라크를 공격한다. 이라크군은 철수했고 이라크는 미국의 감시 아래에 들어가게 되었다. 하지만 걸프 전쟁 이후 미국이 아랍에 대한 개입을 강화하자, 이슬람 부흥 운동을 표방한 원리주의자의 반란이 거세졌다.

2001년 9월 11일, 미국 뉴욕의 세계무역센터 빌딩과 워싱턴의 국방부(펜타곤)에 납치 항공기가 동시에 격돌한다. 미국 정치·경제의 중추를 노린 '동시다발 테러'가 일어난 것이다. 미국은 아프가니스탄의 탈레반 정권이 주범인 빈 라덴을 숨기고 있다면서 군사 행동을 개시했다. 또 2003년에는 후세인 정권이 대량 파괴 무기를 보유하고 있다고 주장하며 국제 연합 승인 없이 이라크 전쟁에 돌입해 정권을 무너뜨렸다. 그러나 불안정한 이슬람 세계에서는 그 후로도 종교 대립 등이 계속되었고, 미국과 이슬람 원리주의자 사이에 대립의 불씨는 지금까지도 사그라지지 않고 있다.

🎖 등장인물 및 세력

이슬람 원리주의   vs   미국

오사마 빈 라덴

알카에다 테러 집단은 20세기의 전체주의를 잇는 후계자다!

납치 항공기 격돌을 지시

우리 알카에다는 아프가니스탄 침공 때 미국으로부터 받은 무기로 강성해진 무장 세력이다. 미국! 돌고 돌아 자신의 목을 조르게 될 줄은 몰랐겠지…

펜실베이니아주에서 1기 추락

뉴욕 세계 무역 센터 빌딩에 2기 격돌

워싱턴 국방부(펜타곤)에 1기 격돌

■ 미국

세계사 코멘터리

21세기는 이슬람 세력이 일으킨 뉴욕의 9·11 테러로 막을 열었다. 테러의 저변에는 냉전 후 국제 사회를 미국이 주도하는 데 대한 불만이 깔려 있었다. 이슬람교 전통을 중시하는 원리주의가 테러 정국에 특히 영향을 미쳤다. 미국은 아프가니스탄을 테러 조직의 온상으로 보고 폭격을 강행했으며, 그 후 이라크 폭격 등 테러 소탕 정책을 추진했다.

러시아에게 크림반도가 중요한 이유

2014년 러시아는 우크라이나 영내의 자치공화국인 크림반도를 침공하여 실질적으로 지배했다. 크림반도의 친러시아파가 비호를 요구했다는 구실을 내세웠으나, 러시아의 크림반도 병합은 국제적으로 인정받지 못하고 있다. 그렇다면 왜 러시아는 이런 강제적 군사 행동을 일으키면서까지 크림반도에 집착하는 것일까?

지금까지 살펴본 바와 같이 러시아의 입장에서는 겨울에도 얼지 않는 부동항이 매우 중요하다. 게다가 크림반도는 단순한 부동항이 아니다. 부동항인 동시에 해군 거점이 되는 항구는 크림반도가 유일하다. 따라서 이곳은 지중해를 통해 군사력을 확대할 수 있는 전략적 요충지라고 할 수 있다. 러시아가 군사적으로 유리해질 것을 경계한 미국은 러시아의 크림반도 병합에 강하게 반발하고 있다.

이처럼 영토 확대는 토지나 자원을 획득하고 자국의 영향력을 강화하기 위해서만이 아니라, 지정학상 자국에 유리한 거점을 확보하기 위해서도 중요하다.

참고문헌

- 祝田秀全監修『エリア別だから流れがつながる世界史』(朝日新聞出版)
- カルチャーランド著『この一冊でわかる！ ビジュアル版 図解 世界の歴史』(メイツ出版)
- 『一冊でわかる イラストでわかる 図解 世界史』(成美堂出版)
- 仲林義浩監修『超ビジュアル！ 世界の歴史大事典』(西東社)
- DK社編『世界史MAPS 歴史を動かした72の大事件』(主婦と生活社) ほか